コーチングの教科書

国際コーチ連盟マスター認定コーチ
伊藤 守

アスペクト

コーチングの教科書　目次

CHAPTER 1 コーチングの基本

CHAPTER 2

コーチングの実践

CHAPTER 3

コーチングの応用

はじめに

日本でコーチングが普及して、およそ10年余になります。この間、コーチングにはさまざまな解釈がなされてきました。たとえば、コーチングというのは、従来の指導法よりマイルドなものだというイメージが定着しているように思います。しかし、コーチングは単にコミュニケーションをマイルドにしたものではありません。また、他の人材育成の方法と混同されている点もあります。しかし、コーチはクライアントに、アドバイスをしません。アドバイスは、コンサルタントの仕事です。アドバイスをするということは、本来、もっともコーチしたい部分を奪ってしまうことです。というのは、コーチの仕事は、相手に考えてもらうことだからです。「こういうときは、こうすればいい」と言ってしまえば、相手の考える機会を奪うことになります。コーチは、クライアントが、自分で考えて、自分で行動して、自分で評価できるところまで持っていくことが仕事です。誰かにアドバイスをもらうだけで、自分で考えることをしないと、次も誰かに頼らないといけなくなってしまうからです。

スポーツを例に考えればわかりますが、最終的に、走ったり跳んだりするのは選手です。

コーチではありません。コーチが、ある特定のやり方を押しつけてしまうと、その人のもつ強みが薄れてしまう可能性があります。コーチは、特定の知識を伝授することはしません。必要な情報がどこにあるのかも、とくに提示しません。誰かに頼ることなく、情報を自ら取りにいける人材にするのがコーチの役割です。学校の試験勉強には、正解不正解がありますが、実社会では、何が正解かわかりません。正解不正解のない世界では、自分で判断したり、自分で考えていったりすることが求められます。正解はないけれど、それでも自分で考えて、限りなく正解に近づいていく。そういう胆力が求められるのです。

さらに、コーチは、私的な内容は扱いません。コーチングは、カウンセリングやセラピーではないからです。もちろん、そういう部分を扱ってもいいけれど、それはコーチングではありません。

コーチは、会話を創り出し、クライアントの考え方や解釈を検証し、再解釈の可能性を開きます。その結果、現在よりも考え方や行動の選択肢を増やし、より高い現実対応力をもたらします。その過程では、必要なスキルや能力、そしてツールが何であるかを棚卸しし、それを身につけていくのです。

コーチングの種類

コーチングは、スポーツを始め、その用途と目的によって使い分けられます。主だったコーチングだけでも、次のようなものがあります。

▼パーソナル／ライフ・コーチング（Personal/Life Coaching）
▼キャリア・コーチング（Career Coaching）
▼グループコーチング（Group Coaching）
▼パフォーマンス・コーチング（Performance Coaching）
▼新任リーダー・コーチング（Newly Assigned Leader Coaching）
▼関係コーチング（Relationship Coaching）
▼ハイ・ポテンシャルまたは、開発コーチング（High-Potential or Developmental Coaching）
▼フィードバック報告と開発プランを提出するためのコーチング（Coaching to Provide Feedback Debriefing and Development Planning）

▼目標達成のための行動コーチング（Targeted Behavioral Coaching）
▼遺産コーチング（Legacy Coaching）
（リーダーが定年退職をする際に何を組織に残すかについてのコーチング。また、リーダーという役割を離れて移行することについてもコーチする）
▼後継者コーチング（Succession Coaching）
▼プレゼンス／コミュニケーション・スキル・コーチング（Presense/Communication Skills Coaching）
▼チーム・コーチング（Team Coaching）

この他にも、セールスコーチ、メディカルコーチなど、その分野は広がっていると思います。これらのコーチングの基本は共通していますが、そこで使うツールも異なりますし、専門性に応じて特別なトレーニングを必要とします。

CEOにコーチ

これまで、コーチングは、問題解決の技法として考える人も多くいました。しかし、実際には、組織におけるとくに重要なポスト、リスクが高く重要度の高い仕事と役割についている人に、コーチをつける傾向が強くなっています。たとえば、GoogleのCEOであるEric Schmidt氏も、2009年のCNNのインタビューで次のように答えています。

2002年に、私がGoogleのCEOになったときに、ある人から「コーチをつけなさい」と言われたことがあります。そのとき、私は、思わずこう言いました。「どうして私が？ 私はすでにCEOとして認められているのですよ。コーチなんて必要ないと思う。私に何か問題があるということですか？」するとと相手はこう言いました。「いいえ、そうではありません。誰にでも、コーチは必要なんです」と。

それを聞いて、私もコーチをつけました。それは、Googleの経営にとって非常に役立ちました。すべての有名なアスリート、偉業を成し遂げている人たちには、コーチがついているものです。コーチが傍について、自分たちがやっていることを観察し、「それは本当にあなたが意図したことですか？」と聞いたり、新たな視点を与えたりするわけです。ひとつ、はっきりしていることは、人は、自分を他人の視点から見ることが本当に不得手だということです。コーチは、他人の視点で自分を見ることを可能にします。コーチは非常に役に立ちます。

コーチは、スポーツ、ビジネスにかかわらず、人が自分の能力を効率よく発揮するために、必要な存在になろうとしています。

コーチを選ぶ基準とは

コーチを選ぶ際には、いくつかの基準に基づいて選ぶことが大切です。

——コーチを選ぶための3つのポイント

①コーチ自身がコーチをつけている

自分自身がコーチングを通しての成功体験を持っていること。また、コーチは権威ではありませんから、常に自分自身を見直している必要があります。

②コーチングを学んでいること

コーチが、過去にどのようにコーチングを学んだか。また、現在も学んでいるかを確認します。コーチングは一回勉強したから卒業、というようなものではありません。クライアントに行動変容を求めるコーチは、自ら率先して行動変容をし続ける必要があります。

コーチがどのようなプログラムで学んでいるかも大切です。現在では、多くのコーチングを教育するプログラムが存在します。優良なプログラムを見極める目安のひとつは、ICF（国際コーチ連盟）の認定を受けているプログラムであることです。ICFは現在、世界20カ国、120団体以上が加盟しており、コーチング業界とコーチの社会的地位を確立することをミッションに設立された団体です。トレーニングプログラムとしてICFの認定を受けるには、厳しい基準が設けられていますから、ICFの認定の有無は、プログラムを選ぶ際のひとつの尺度として考えてよいでしょう。

③コーチとしてのスタンスと経験

ICFの会員、または日本コーチ協会の会員であるかを確認する。これらの会員になるためには、コーチとしての倫理規定に同意する必要があります。会員であるということは、コーチとしての倫理に基づいた活動をしているという保証になります。

そのほか、どのような領域のコーチングを、どのくらい行っているのか、活動の実績も選択のポイントとなります。日本コーチ協会の提供するCSES（コーチングスキル・エバリュエーション・システム）に登録し、クライアントからのフィードバックデータを持っているコーチは、より信頼に足り得ると判断できるでしょう。クライアントからの評価はともあれ、自分からフィードバックを求める姿勢は、コーチとしての信頼できるスタンスです。今後、コーチの数が増加すればするほど、CSESに登録し、データを公開しているコーチの信用度が増すことになるのは確実です。

これらを確認するためには、コーチングを受ける前に、コーチに次のような質問をすることです。

①あなたはどこでコーチングを学びましたか
②あなたの専門性とはなんですか
③あなたはコーチングからどのような成果を具体的に手にしていますか
④あなたは今、どんなコーチをつけていますか
⑤コーチングで気をつけていることはなんですか
⑥私があなたをコーチとして選ぶと、実際にはどのようなコーチングを受けることができますか？
⑦効果はどのように測定しますか

コーチングとは、単に会話を交わすだけではありません。アセスメントなどのツールを使いながら行われるものです。コミュニケーション、チームワーク、マネジメントスキル、リーダーシップ、仕事の専門性、ビジョンなど、自分自身の棚卸しをしながら、足りているもの、足りていないものをはっきりさせ、それらを補い、発展させてゆくプロセスがコーチングなのです。

また、コーチングによる成果を測るためのアセスメントも、その前後で行われます。単に主観的なものだけではなく、クライアント自身の具体的な変化を見るために、360度フィードバックシステムも使います。コーチングによる成果は、できるだけ具体的に表される必要があるのです。

クライアントの責任

コーチングから最大の成果を得るためには、コーチ側の責任だけではなく、コーチを受ける側（クライアント）のコミットメントも求められます。たとえば、

■常に目標にフォーカスしている

■ゴール達成に取り組むのに適切な時間を割り出し、それを確保し、コミットしている
■毎回セッションの前にしっかりと準備する
■自分の結果をモニターし、自分が達成したこと、まだ達成していないことを明確にして、コーチ、またステークホルダーとコミュニケーションを取る
■コーチングセッションの時間を守る

などです。成果を実現するのはあくまでもクライアントですから、クライアントのコミットメントなく、コーチングが成功することはありません。

コーチングの重要な目的

クライアントにとって、コーチングを学ぶ最大の目的は、「学習の仕方を学習する」ことです。コーチングのプロセスにおいて、コーチング終了後も学習を確実にこなすために、内省するスキルと習慣を開発することが、何よりも大事なことです。これは、ときどき見過ごされるコーチングのゴールです。これを実現することで、クライアントは、仕事人生

を通じて、自身を開発し続けることができるようになります。

信頼関係

最近のマネジメントにおいては、組織の中における「協力関係」を重要視するようになっています。これまで、「ヒト、カネ、モノ」、そして情報が組織のキャピタル（資産）と考えられてきましたが、今やそれに、「関係性」、とくに組織内に築かれた「信頼関係」も、見えない資産として問われるようになってきました。では、信頼とは何でしょうか？

現在、「信頼」は多様化し、グローバル化した企業構造をしっかりと繋ぎ止める鍵になっています。いいかえれば、信頼の欠如は、ネットワークの内側の人と人との協力関係を壊すことを意味しています。協力関係の欠如は、組織のキャピタル（資産）を目に見えない所で目減りさせてしまうことになります。

しかし、一方で、マネジメント層において、「信頼」や、「信頼を育む」ということについては、いまだに十分に理解されてはいません。まして、自分がどれだけ信頼されているかについて、部下や上司からフィードバックを受ける機会もないのが現状です。

さて、信頼を完全に定義することは難しいのですが、「正直さ」と「能力」の組み合わせの違いによって、組織の中にある、信頼をカテゴライズしてみると次のようになります。

■高い「正直さ」と、高い「能力」は、「信頼」をもたらす。
■低い「正直さ」と、高い「能力」は、「消極的信頼」を引き起こす。
■高い「正直さ」と、低い「能力」は、「不信」を引き起こす。
■低い「正直さ」と、低い「能力」は、「信頼不足」を引き出す。

人が、誰かを信頼しようとするとき、その相手の評判や歴史、価値についての情報を集めることとなしに、その人を信頼するかしないかの判断をすることはめったにありません。「信頼」とは、計算できるものでも、何かにはめ込めるものでもなく、業務とコミュニケーションの連続的な繰り返しの中で、学び、強化されていくものなのです。

ともすると、コーチングのスキルの巧拙だけが問われがちです。しかし、その背景に「信頼」というコミュニケーションのインフラがなければ、コーチングは機能しません。コーチとクライアントの関係は特別なものです。それだけに、コーチには高い倫理性が求められます。当然、信頼というのは、コーチングにおいて、何よりも大切なものです。そもそも信頼関係がなければ、コミュニケーションのレベルも低く、そこで新しい何かが創造されることもないでしょう。

コーチングは新手の説得法でもなければ、人をコントロールするツールでもありません。あくまでも、人材開発を目的とした手法です。また、その手法は、現在進行形で開発中のものです。人と人との関わり、コミュニケーションの取り方、ツールの使い方など、日々進化している領域です。本書は、その基本になる手法と考え方を網羅したものです。コーチングを実践する際に、一助となれば幸いです。

CHAPTER

1

コーチングの基本

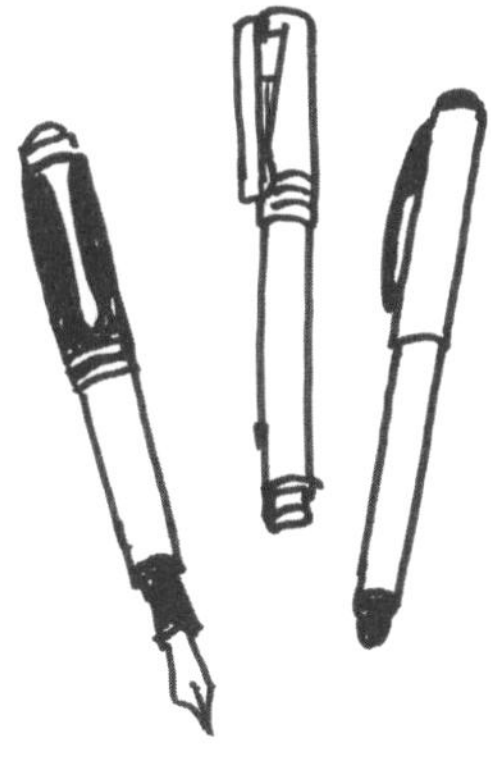

01 コーチングとは何か

スポーツの世界では、選手にコーチがつくのが当然ですが、近年、アメリカを始め日本でも、会社の経営者や起業家、医師、弁護士、営業マンなどが、パフォーマンスを上げるために雇う「コーチ」が注目されつつあります。

コーチングとは、コミュニケーションを交わすことを通して、相手の目標達成に必要なスキルや知識を備えさせるプロセスです。コーチングには次の3つの原則があります。

①インタラクティブ（双方向）であること
②オン・ゴーイング（現在進行形）であること
③テーラーメード（個別対応）であること

双方向の
コミュニケーションが基本

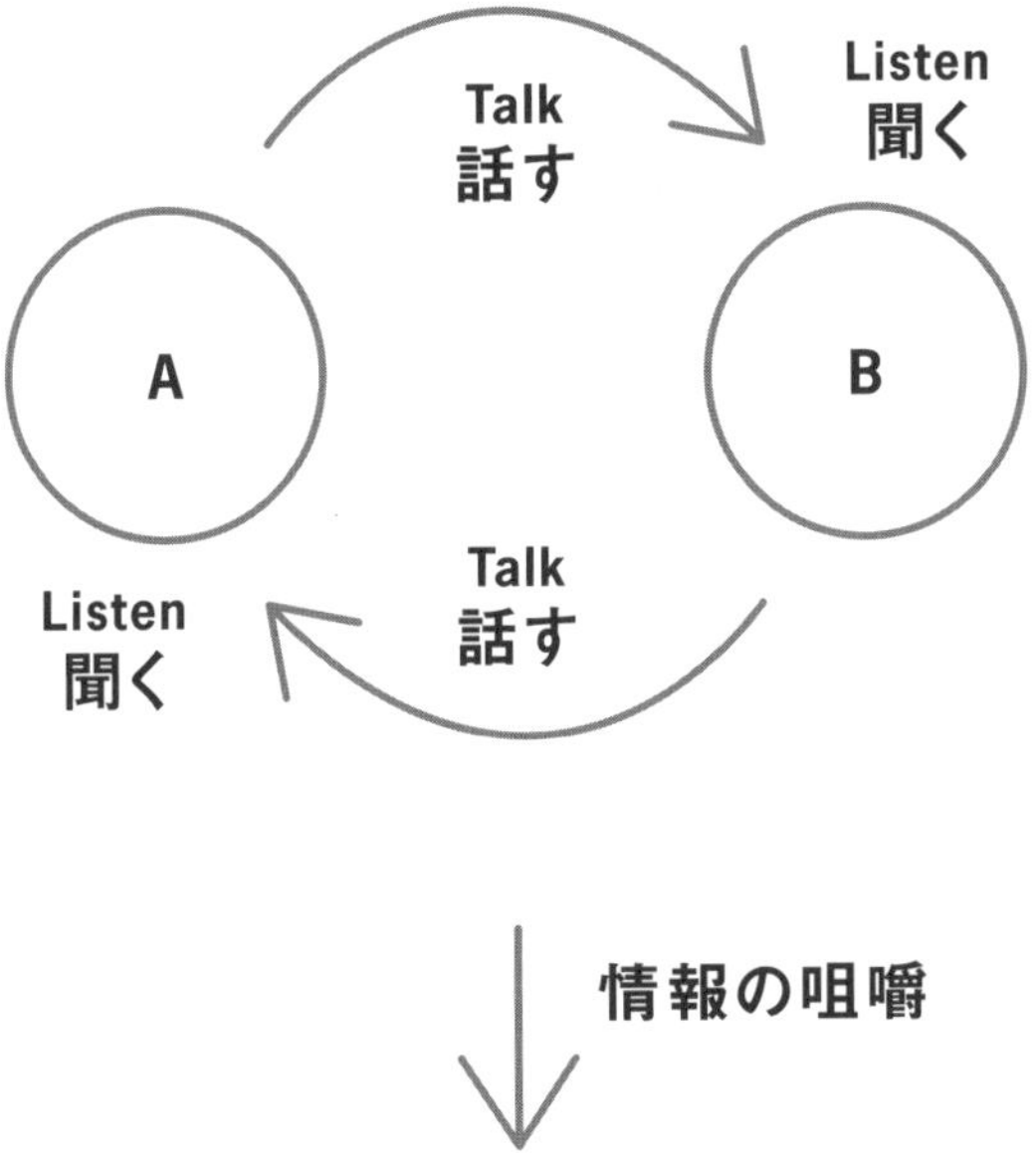

相手に、目標達成に必要な
スキルや知識を備えさせる

インタラクティブとは、コーチする側もコーチされる側も「話す」と「聞く」の両方の役割を担うということです。コミュニケーションは双方向であるものと一般には考えられていますが、実際に組織の中におけるコミュニケーションを見てみると、上司から部下への一方通行であることが少なくありません。上司が部下をコーチしようとするときには、部下の話に耳を傾けることが、その第一歩になります。

また、たとえ部下の話を聞いても、それが一度きりでは意味がありません。たとえば、目標管理についてコーチングをする場合は、そのテーマについて、現在進行形で定期的に部下と話す時間をとることが必要になります。そのことで、部下は目標に対して集中し、自分が生産的になれる状態についての情報量を増やしていくことができます。また、オン・ゴーイングで関わることには、テーマをリマインドするという効果もあります。

また、当然ではありますが、人は一人ひとり違います。したがって、ある部下にうまくいったアプローチでも、他の部下に同じように機能するとは限りません。部下の一人ひとりを観察し、それぞれのコミュニケーションのタイプや価値観、どんなことに興味を持っているかなどを見分け、それに応じた関わり方をすることが大切です。

こうした原則に基づいてコーチングをすることで、部下の能力や可能性を効果的に引き出すことが可能になるのです。

02 コーチングは発見されたもの

コーチングとは新たに創り出されたものではなく、「発見されたもの」です。部下の能力や才能を引き出している上司が、実際にどういう会話を交わしているのか観察してみると、部下の能力の芽を摘み取っている上司とはまるで違うコミュニケーションを交わしていることがわかります。部下とコミュニケーションを交わしているという点では、部下の才能を引き出している上司、摘み取っている上司も同じです。しかし、そのコミュニケーションの質と量が根本的に違うのでしょう。コミュニケーションの質と量をどのようにコントロールしていくのかが、コーチングの基本となるものです。

部下の育成に成功しているマネージャーの、部下とのコミュニケーションを観察していると、気づくことがたくさんあります。ある販売代理店では、マネージャーが販売員に声をかけるときに「がんばってね」ではなく「がんばってるね」という言い方をしていました。

コーチングは、
「教えること」ではない

コミュニケーションを通して
相手の能力や才能を発見する

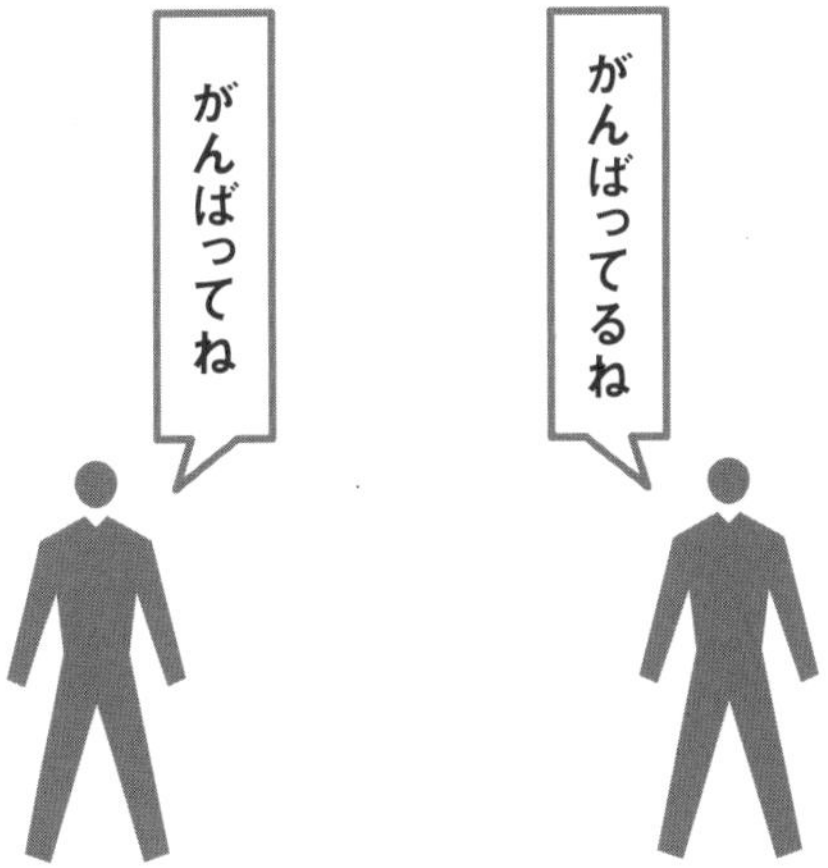

部下の能力の芽を
摘み取るマネージャー

部下の能力を
発見するマネージャー

「る」というたった一字の違いですが、言われた方の中で起こってくる感情はまるで違います。「がんばってね」と言われた販売員は「まだ自分は十分ではない」と思うかもしれません。そして、「がんばってるね」と言われた方は「自分は十分認められている」と思うでしょう。たった一字の違いによって、根本的な動機づけの部分で大きな違いが生まれてしまうのです。

また優秀なマネージャーは、組織の目標と社員個人の目標の共通部分を見つけ出す能力に富んでいます。たとえば、営業マンに売上目標を聞いたあと、一般的なマネージャーは「よし、がんばってね」で終わってしまうことがほとんどでしょう。しかし優れたマネージャーは、そこをスタート点にします。それを達成するために具体的にはどういうプランを持っているのか、それを達成したら自分にとってどんなベネフィットがあるのか、などを聞いていくことで、組織の目標と個人の目標の共通点を見つけていくのです。組織と個人の目標は一致しないものと思われがちですが、実は共通の目的があるものです。優れたマネージャーは、共通部分を見つけ出すことで、部下のモチベーションに働きかけることに長《た》けています。

02 コーチングは発見されたもの

このほかにも、部下の育成に成功しているマネージャーのコミュニケーションに見られる特徴はたくさんあります。これまで自分が出会った先生や上司の中で、自分の能力を引き出してくれた人たちを振り返ってみてください。彼らには共通したところがあることに気づくのではないでしょうか。それは、次のようなものです。

- 自分のやりかたを押し付けない
- 指示命令を最小限に
- 話をよく聞く
- 存在を認めている

このようにまわりの人の能力を引き出すことに優れた人のコミュニケーションを観察し、体系的にまとめたものがコーチングスキルと言われるものです。

03 コーチングが機能するとき

コーチングは万能というわけではありません。これまで通り、指示・命令が機能する場合もあるでしょうし、ティーチングが必要とされる場合もあります。コーチングが機能する状況と、機能しない状況があるのです。

では、どんなときにコーチングは機能するのでしょうか。コーチングの機能する状況、しない状況は、その人が置かれている状況におけるリスクと、その人が持っている能力においで、判断することができます。

人材と職務の関係として、大きく分けて次の4つのパターンが考えられます。

コーチングが機能するとき

リスクと能力

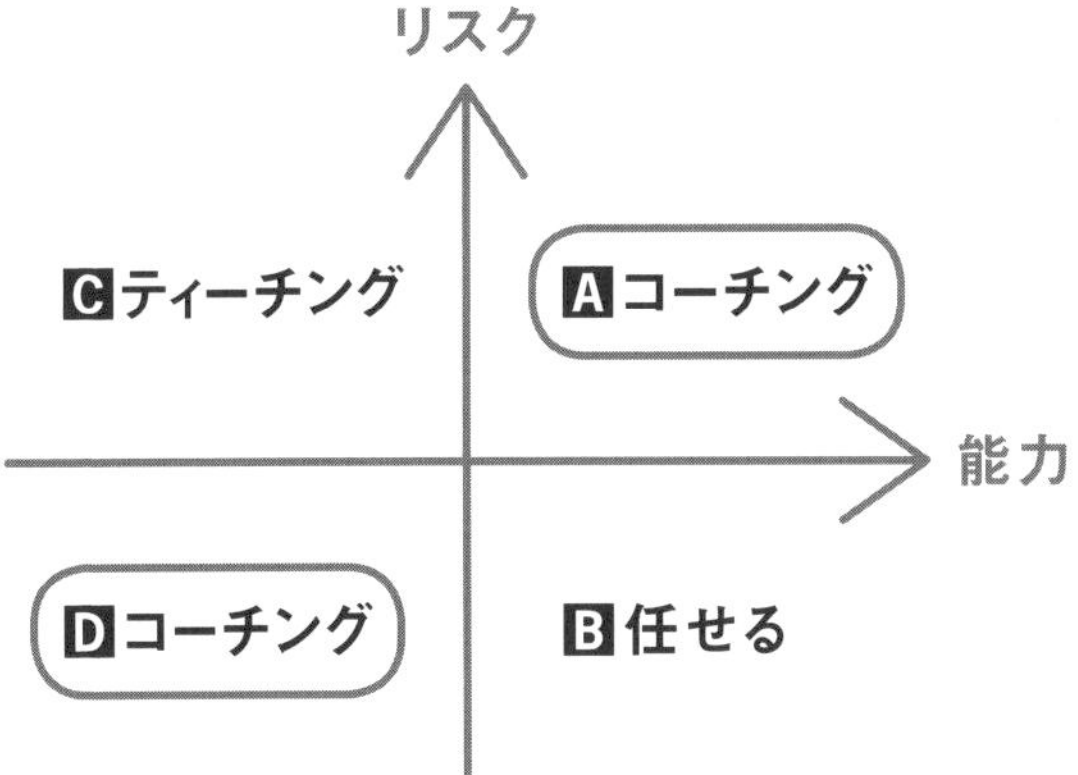

A 高い能力を必要とし、リスクが高い職務

具体的にはマネージャーや経営者などがあてはまる。コーチングをもっとも必要とし、もっとも機能する領域。

B 高い能力を必要とし、リスクが低い職務

基本的にコーチングもティーチングも必要ない、任せてよい領域。

C 高い能力は必要としないが、リスクが高い職務

経験の浅い若手のスタッフに大きな仕事をさせるような場合が当てはまる。この場合は、自主性を尊重する、相手から引き出す、といったようなコーチングのスタンスを取るよりは、上司や経験者がティーチングする方が現実的である。

D 高い能力を必要とせず、リスクが低い職務

新入社員に対するＯＪＴなどがあてはまる。本人の自発的な行動を促進し、自ら考え、自ら行動できる人材に育成するために、コーチングが機能する。

たとえ同じ人が対象であっても、その職務のリスクが高いか低いかによって、コーチングが適しているか、ティーチングが適しているかが変わってきます。Dの領域にいる人材に対してティーチングを続けていると、指示待ち人間を育ててしまうことになりかねません。また、任せてよい領域なのに、積極的にティーチングをしたり、コーチングをしようとすると、業務を遂行するスピードは遅くなるでしょうし、他のパフォーマンスにも影響を与えかねません。リーダーとなる人には、状況を的確に見分け、それぞれにふさわしい対応をすることが求められるのです。

04

コーチングスキル「聞く1」

コーチングは誰かによって新しく創られたものではなく、すでにうまくいっている人のコミュニケーションを観察し、体系化したものです。そのようにして体系化されたものが、コーチングスキルと呼ばれるコミュニケーションスキルです。100以上あるコーチングスキルの中でも、とくに大切なスキルが次の5つです。

●聞く
●質問を創る
●アクノレッジメント（承認する）
●要望する
●フィードバック

04 コーチングスキル［聞く1］

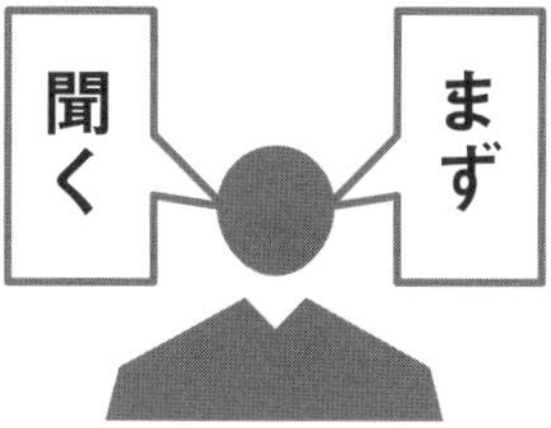

「ただ聞く」のではなく、
関心を持って能動的に聞く

↓

話す側は、アウトプットすることで、
自分の中にある情報を認識する

コーチングのベースとなるのが「聞く」スキルです。相手の話を聞くことが大切だということは広く認識されていますが、実際には「聞く」という行為について本当に理解している人は稀です。

ある調査では、管理職の78％は「聞く」ことがマネジメントする上で大切なことだと理解していながら、実際に「聞く」トレーニングを受けたことがある管理職は、全体の２％に過ぎないという結果が出ています。

聞く能力にはレベルがあります。単にテレビの音や駅のアナウンスを聞くレベルと、人の話を聞くレベルでは、頭の中のセットアップがまるで違います。関心を持って人の話を能動的に聞くとなると、単に音を受け取るだけでは足りません。多くの上司は、自分は聞いていると思っていますが、部下はそうは思っていない場合が多々あります。確かに耳を傾けてはいるのですが、内側では聞く用意ができていないのです。では、なぜマネジメントする上で、部下の話を聞くことが大切なのでしょうか。

04 コーチングスキル［聞く1］

人は、新しく行動を起こそうとするとき、できるだけ具体的なイメージを持つことで、より行動が起こしやすくなります。そして、具体的なイメージを持つためには、コミュニケーションの量が必要です。たくさんコミュニケーションを交わし、その中で情報量を増やしていけばいくほど、イメージがよりはっきりと描けるようになるのです。情報量を増やすためには、外側の「情報を取り入れる」だけでなく、自分自身の内側の情報をアウトプットすることも大切です。私たちは、内側の情報を一度外に出すことで、初めて自分の中にある情報を認識することができるからです。

つまり、部下の話を聞くことは、部下が行動を起こしていく上で、上司にできる大きなサポートなのです。部下の話を聞くということは、部下にたくさんアウトプットできる機会を与えることです。そのために一番大切なのは、まず時間をとること。そして、相手の話を聞いてみようとする意思を持つことです。聞く意思を育てるためには練習がいりますし、ましてや聞く能力を高めるためにはなおさら練習が必要です。

次の5つはよい聞き手の条件です。ぜひ試してみてください。

●話をさえぎらず、最後まで聞く
●先走って結論を出さない
●言語以外のメッセージを聞き分ける
●相手の言葉をリフレインする
●質問をする

05 コーチングスキル「聞く2」

先に、相手の話を聞くためにまず大切なのは「聞く意思を持つこと」と書きました。聞くためには、まず「聞いてみよう」という意思を持つこと。そしてそれを育てていくことが必要です。

人は、1分間におよそ100～175語を話します。一方、人が1分間に聞くことができる単語数は600～800語と言われています。つまり、私たちは話を聞くために、頭をフル回転させる必要がないのです。そのため、最初は相手の話に集中していても、頭に余裕があるために、次第に集中力を失い、すぐにほかのことに気をとられてしまいがちです。これを改善していくことが、意識的に聞くトレーニングにつながります。部下が話している間、別のことを考えたり、次に自分が何を言うかを考えたりしないよう、意識的にコントロールするようにします。部下の話に集中するための頭をセットアップすることが、

05 コーチングスキル［聞く2］

聞く意思を持つということ

相手の話を、
「承認」し、「理解」する

↓

「承認」し、「理解」された人は、
安心感を持ち、
自分の行動を起こす勇気を持つ

聞くことのトレーニングになります。

たとえば、言葉だけを受け取るのではなく、顔の表情、声のトーン、目の動き、姿勢や手の動きなど、言葉以外のメッセージを受け取る練習。自分が聞いているということを話し手に伝える方法。うまく受け取れない内容については、繰り返してもらう、など。また、もっと積極的に聞くために、効果的な質問を創り出す。聞く能力を上げるためには、多少忍耐も必要ですが、積極的に話し手に働きかけることで、より聞ける状態を自分に創り出すことができるようになります。

また、話を聞くということは、相手の話している内容に、同意したり、賛成や反対したりすることとは違います。ましてや、忠告や助言をする、代わりに問題を解決する、相手の要望に応えるといったことでもありません。相手の話を聞くということの本質は、相手の話やそのときの感情を「承認」することにあります。たとえ相手の話に同意できなくても、聞くことはできます。相手が伝えたいと思っていることを思っている通りに、感じていることを感じている通りに「理解」しようとすることが「聞く」態度であると言えます。

聞く、理解する、承認する。そのことには、もちろん話の内容を理解するという意味もありますが、それ以上に、話をしているその人の存在を承認し、理解し、聞く、という意味があります。私たちは、聞くという態度を通して、その人を仲間として認め、その人の存在を承認していることを伝えることができるのです。話を聞かなければ、部下を不安がらせることになります。反対に部下の話に耳を傾ければ、部下は安心感を持つことができます。安心感はすべての行動の源です。不安でいるときは、視野が狭まり、行動は抑制されますが、安心感は、関心や興味を解放し、自発的な行動につながって行きます。安心感というクッションがあるからこそ、人は行動を起こす勇気が持てるのだと思います。上司の仕事は、部下に仕事をさせることではなく、部下が自発的に仕事をする気にさせることです。話の途中で口を挟まず、結論を先取りせず、最後まで話を聞こうとすることは、効果的な動機づけになると思います。

06 人はそれぞれ違う

コーチングの原則のひとつに「テーラーメード（個別対応）」があります（「01コーチングとは何か」参照）。あたりまえでありながら、ともすると忘れられがちですが、人はそれぞれ違います。もちろん、見かけのことではありません。考え方も違えば、判断のプロセスも違う。価値観も、ものごとの捉え方も、理解する際のプロセスも違います。たとえば部下が10人いれば、10通りのパターンがあるわけです。それを忘れて、すべての部下に同じように接していれば、うまくいかない場合があるのは当然です。ひとりの部下にうまくいった指示の出し方も、すべての部下に通用するとは限らないのです。部下をほめるときでも、同じほめ方で全員が喜ぶわけではありません。ある人は、一言ほめられるだけで喜ぶでしょうし、ある人は、どこが賞賛に値するかを細かく話すことで、ほめられたことを受け入れます。「ほめているんだから素直に受け取ればいい」。確かにそうなのですが、人はそれぞれ情報の受け取り方も違います。

06 人はそれぞれ違う

コーチングは、
テーラーメード（個別対応）

観察する

↓

相手のタイプによって、
コミュニケーションの
パターンを変える

↓

それが、相手を「承認」し、
「理解」することにつながる

コミュニケーションがうまくいかなくなると、人は、「性格が合わないから」「考え方が違うから」という理由で片付けてしまうことがあります。しかし、それでは、有能な部下の能力や可能性を引き出すことができなくなってしまいます。部下の能力を引き出し、チームとしてのパフォーマンスを上げたいと思うのであれば、部下のタイプによって、コミュニケーションのパターンを変える必要があります。そのためにはまず部下がどんなパターンを持っているのかを観察し、しっかりと把握します。相手を観察するときには、事前に質問を用意し、自分に向けて質問すると、広い角度で観ることができるようになります。

●この人はどんなことに価値をおいているだろうか
●判断するときの基準をどこにおいているだろうか
●論理的な思考をする方だろうか、それとも感覚的だろうか
●思ったことを口にする方か、それとも抑える方か
●どんな強みを持っているだろうか
●人間関係を築くのは得意だろうか
●人の話は聞く方だろうか

●今の体調はどうだろうか

観察してみると、ふだん自分が相手にレッテルを貼り、「こういう人だ」と思い込んでいることに気づきます。そして、自分の貼ったレッテル（記憶）から情報を引き出し、対応しているのです。「今、ここ」での情報をもとに、コミュニケーションを発展させるためには、聞くことや観ることを通して、「観察する」ことです。それによって、相手の受け取りやすい言葉や表現方法を選ぶことができるようになります。最初に部下を観察し、どんな言葉や表現を受け入れ、また受け入れないのか、個別の反応を見分ける必要があります。それによって、仕事の指示の出し方も、提案の求め方も、それぞれ違ってくるものです。人はそれぞれ違うということは、忘れられがちな真実です。だからこそ、コミュニケーションと観察は切り離せない関係にあるのです。

07 アクノレッジメント

「ほめて育てる」という言葉をよく耳にします。子どもの育て方はもちろん、部下育成の手法として語られることもあります。コーチングスキルのひとつである「アクノレッジメント」は、「ほめる」ことと混同されることがありますが、「アクノレッジメント」は「ほめる」こととイコールではありません。

アクノレッジメント（acknowledgement）を辞書で引くと、「承認、認めること」、「（受け取ったという）言明」、「（親切に対する）感謝」「あいさつ」「礼状」といった意味が載っています。さらに語源を調べると、「そこにいることに気づいていることを示す」という意味があります。「アクノレッジメント」とは、相手の到達点をそのまま口にすることによって、相手に達成感を持たせる行為です。

07 アクノレッジメント

アクノレッジメントとは?

相手の到達点を
そのまま口にすること

↓

相手に達成感を持たせる

↓

やる気や自発性を促す

ほめることや賞賛には、他人についてのあなたの評価が加わっています。「挨拶の声が大きくなって、前よりいいよ」「君ってすごいね。勉強家だね」といった賞賛は、その人についてのあなたの評価であり、意見であるため、相手は素直に受け取りにくく感じる場合があります。一方、アクノレッジメントは、「最後までやり通したね」「君はいつも一番に電話をとるね」というように、事実を認め、それをそのまま伝えることです。アクノレッジメントの定義とは、「相手の存在を認め、さらに相手に現れている違いや変化、成長や成果にいち早く気づき、それを言語化して、相手に伝えること」と言えます。

人は、自分がやったことを通して、自分自身が成長し、変化していることを知ることに喜びを覚えます。そして、そのこと自体に達成感を持ちます。この自己成長感は、人のやる気や自発性を強く促すエネルギー源となるのです。

もちろん、ほめることや賞賛も、相手のモチベーションを上げるための有効な方法のひとつです。ただ、評価的なニュアンスが強くなると、「いい・悪い」「評価する人・される人」という構図ができてしまうことがあるので注意が必要です。

アクノレッジメントは、部下の成長を促す重要なスキルです。しかし、ふだんから、部下をよく観察していないと、部下の変化や成長に気づくことはできません。とってつけたようなアクノレッジメントでは意味がありません。何にも気づかず、また何も感じないのであれば、何も言わないほうがずっといいのです。大切なのは、観察することです。観察することで、部下が持っている、本人すら気づいていない能力が行動に現れた瞬間を見つけ、それを伝えます。それはどんな小さなことでもいいでしょう。とにかく見つけて伝える。そのことが大切です。

くれぐれも自分の気に入った行動をとらせるためにアクノレッジメントを使わないことです。

08 リクエスト（要望）する

コーチングというと、人材育成のソフトなアプローチととられることがあります。そのためか、部下を叱ったり、強くリクエストしたりすることはコーチングではないと考えられることがありますが、部下に毅然とリクエストする能力は優れたコーチに欠かすことができません。

リクエストは、指示命令とは異なります。リクエストの目的は、協力の要請をすることと、プロジェクトの進行に対する障害を取り除くことにあります。前者は「～してほしい」という言葉で表され、後者は「～してほしくない」という言葉で表されます。たくさんの協力が得られれば得られるほどより大きなプロジェクトを完成に導くことができます。上司として、組織においては、みんな仕事をすべきだという立場にいれば、部下は持っている力の半分も提供してくれません。しかし、上司が部下に対して、しっかりと要望を伝え

リクエストは
指示命令ではない

協力の要請「〜してほしい」
障害の除去「〜してほしくない」

↓

リクエストを受けた相手は、
初めての経験を通して成長する

られるようになると、扱えるプロジェクトの大きさや質がまったく違うものになります。

また、部下にリクエストすることは、部下の育成という観点からも大きな意味を持っています。人はリクエストを受けて初めて、自分の範疇以外のことをするという体験を持ち、いまだかつて経験したことのないような行動をとることができます。よいコーチは、どんどんリクエストを創り出して、部下を育てていくことができます。

また、プロジェクトの進行に対する障害を取り除くという点からリクエストを見ると、どうでしょう。部下が「こういうことをやりましょう」と言ってきたときに、それはやらないとはっきり伝えられる。あるいは会議の席上、誰かが議題から外れた話をしたときに、「そのことは今話さないでほしい」と伝えることができる。そのように「〜してほしくない」とちゃんとリクエストできることは、プロジェクトを効率よく遂行していく上で、欠かせないスキルです。このように、リクエストすることは、その人自身、リクエストされる対象、そして組織全体に、大きな利益をもたらす可能性を含んだ行為なのです。しかし実際には、私たちはリクエストすることに抵抗を感じるのです。なぜでしょうか。

それはリクエストすることが相手を怒らせるかもしれないというリスクを含んでいるからです。リクエストは、予測できない相手の感情を引き起こす可能性があります。そのため、人は、自分の要求をはっきりと言葉にすることに抵抗を感じ、次のような態度をとる傾向があります。

●正論を言う
●間接話法を使う――「○○さんがこう言っていた」
●代弁してもらう
●交換条件を用意する

上司によく見られる態度としては、部下の反応を押さえ込むために、立場を利用して指示命令をしてしまう、ということです。しかし、それでは逆効果です。部下は、表面上同意しても、内心で抵抗を感じ、却ってプロジェクトの進行に対する障害になりかねません。リクエストするときには、まずその目的を明確に認識し、指示命令にならないように気をつけることが大切です。

09 フィードバックする

部下がどんなに熱心に一生懸命にやっていても、それがまったく見当違いの行為だったり、組織に損失を与えるような行為だったりすることがあります。上司は、そのことをはっきりと部下に伝える役割を担っています。コーチングでは、クライアント（この場合、部下）に、その人の行動がどのように見えるか、その人が自分にどんな印象を与えているかをありのままに伝えることを、「フィードバック」と言います。

たとえば、朝、目が覚めて職場や学校へ出かけるまでに、誰でも一度は、鏡に自分を映して見ます。そうでないと不安だからです。自分の顔に何かついていないか、自分の服装はどうか。鏡はあなたの外見を映し出します。それによってあなたは自分の外見への「気づき」を得ます。あなたは、鏡に映っている自分の姿から具体的で正確な情報を得て、外見を整える選択の幅を広げるわけです。

09 フィードバックする

鏡となり、相手の姿をありのままに伝える

↓

相手は、自分を外側から見る機会を得る

↓

「気づき」が生まれる

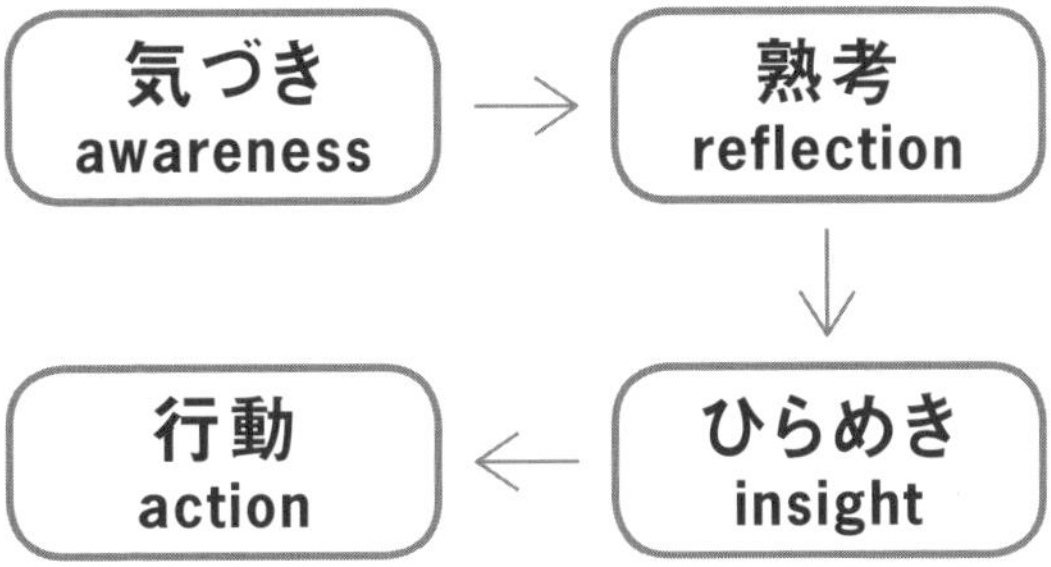

フィードバックは、鏡と同じ役割を果たします。フィードバックがあれば、部下は自分のとっている行動に気づき、必要であれば自分でそれを修正することができるようになります。また、鏡と同様、フィードバックは、事実を事実として相手に伝えるもので、客観的な評価や忠告ではありません。注意や批判、忠告は部下の行動を変えるのに役立つかもしれませんが、部下は必ずしも自分の行動に気づいて行動を変えるわけではありません。そこに気づきがない場合、結果的に、部下はまた同じような行動をとる可能性が高いでしょう。

フィードバックを行う上で、留意することは以下の通りです。

①相手をコントロールするために行わないこと

フィードバックは、相手を自分の思い通りに操作するために行うものではありません。

②相手を攻撃するために行わないこと

③具体的、記述的であること
④必要性が感じられること
⑤相手の人格や性格ではなく、行動について事実を述べること
⑥自分の責任で行うこと

くれぐれも「他の人が言っていた」「みんなそう思っている」など、責任のはっきりしない立場から行わないこと。必ず「私は～」の一人称で行う。

⑦適切なタイミングであること
⑧伝わっているかどうかの確認をすること

また、部下とのコミュニケーションの中にフィードバックを取り入れていくには、まず、上司から部下にフィードバックを求めていく姿勢が必要です。相手にフィードバックを求めるときには、相手がフィードバックしやすいような環境を創ります。たとえば、部下に次のような的を絞った質問をすれば、部下はあなたにフィードバックしやすくなるでしょう。


「私と仕事をしていてやりにくいと思うことはありますか？」

「それはどんなときですか？」

「私は普段どんな表情をする（している）ことが多いですか？」

「ほかには、どんな表情をしますか？」


相手があなたに対してフィードバックしてくる間は決して口をはさまないことです。たとえ、その内容が耳に痛いものであっても、それはチームをより機能的にし、生産性を高めるものであるということを忘れずに、最後まで耳を傾けることが大切です。

10 コーチの質問

聞く能力と並んで、コーチには、効果的な質問を創る能力が求められます。コーチングでは、質問によってコミュニケーションが創られていきます。

一般的に質問というと、自分がわからないことや、知らないことを聞くときにするものと考えられていますが、コーチはそういった目的で質問をするのではありません。コーチングにおける質問は、相手自身が必要としている情報を、相手の中から引き出すための質問です。そのためにも、コーチは、相手に考えさせる、気づきを促すといった目的を持って質問します。

上司が考え、部下はそれに従うという構造の中では、自分で考え、自分から行動を起こし、自分で評価することのできる、「自律性の高い」また「対応力の高い」人材の育成は

質問力とは何か?

相手が必要としている情報を
相手の中から引き出す力

↓

●相手のアイディアを出させる
●問題をはっきりさせる
●目標までの過程を想定させる

できません。普段から質問を通して、部下に考える機会を与える。その視点を持って質問をします。また、未来を予測させる、アイディアを出させる、問題をはっきりさせる、目標までの過程を想定させる、視点を変える、モデルを探す、などの目的を持って質問することもあります。何より重要なのは、「何のために質問をするのか」、その目的を明確に持っていることです。それだけでも、質問の持つ力は変わってきます。

なお、その質問が発せられる状況やタイミング、またその言い方によって、質問は効果的にもなれば、非効果的にもなります。つまり、適切な質問を、適切なタイミングで、適切な意図を持って創り出せるかどうかが大切なのです。優れたコーチには、その質問が「適切かどうか」を判断できる能力が求められます。質問をするときには、「この質問はどのような影響を与えるか？」「今はいいタイミングだろうか？」「答えるのにどのくらいの時間が必要だろうか？」「答えを誘導してはいないか？」これらに留意しながら質問のタイミングを計るといいでしょう。

これまで、会話を始めたり続けたりするために、話題の提供、うまい話し方などに注意が向けられてきましたが、効果的に「質問」を創り出すことができれば、会話を始めたり、その内容を変えたり、終わらせたりすることができます。効果的な質問は、無限の話題を生み出すからです。

あなた自身を振り返ってみてください。部下に質問をしていますか？　それともしていませんか？　しているとしたら、どんなときに質問をしていることが多いですか？　コーチングは、自分のとっているコミュニケーションを客観的に認識するところから始まります。

質問の原則

質問をするときには3つの原則があります。

1つめの原則は、質問は一回にひとつだけにするということです。一度に複数の質問を投げかけると、答える側にとっては苦痛です。たとえば、「経費を節減するためには、どうしたらいいと思う?」「君のコスト感覚について話してほしい」「このままいくと、会社は将来どうなると思う?」と立て続けに質問されると、どれに答えてよいかわかりません。複数の質問をする背景には、質問をする側の「不安」が反映される場合が多く、質問という名の「詰問」になりがちです。それが余計に質問される側を混乱させます。質問は一回にひとつとし、質問をした後は、相手に考える時間を与えることが大切です。

2つめの原則は、質問の回数を重ねることです。大抵の上司と言われる人は、部下に質

質問は一回にひとつだけ

- 立て続けの質問は、質問者の「不安」を反映
- 質問した相手に考える時間を与える

質問を重ねる

- 質問をひとつで終わらせないことで、関心を示す
- 相手を理解するために質問を深める

お礼を伝える

- 「ありがとう」「話を聞けてよかった」の言葉を忘れない
- 相手は「自分の話が受け入れられた」という感覚を得る

問をひとつして、答えを得ることで終わります。「どうだ、調子は？」「元気か？」や「例の仕事はどうなっている？」など。そして、答えを聞いて「あ、そう。がんばれよ」と言います。これでは、部下への理解は深まりません。マネージャークラスの社員に対して、もっとコミュニケーションの量を増やして欲しいと言うと、「何を話したらいいのかわからない」「用もないのに話さない」という答えが返ってきました。質問は「会話」をスタートさせるきっかけになるのです。


「元気か？」

「はい」

「元気を維持する秘訣は何？」

「休みにはフットサルをやっています」

「ほう、どこでやっているのかな？」


質問をひとつで終わらせるのではなく、答えを受けたら続けることで、部下への関心を示し、部下を理解するために会話を続けることができます。アメリカの心理学者であるハーレーン・アンダーソン氏の質問はいつも刺激的です。彼女は私に「あなたってどんな人?」と質問し続けます。彼女は、最初に会った日も、二日目も、三日目も同じ質問をしました。しかし、同じ質問でありながらも、毎回それは新鮮であり、答える私自身も、自分について新鮮に答えることができました。そこには、正しい答えを求めているのではなく、自由に思ったことを言っていい、矛盾していてもいい、という前提があったからです。

そして、3つめの原則は、お礼を伝えることです。私の答えたことに、彼女は常に「ありがとう」と言ってくれました。「ありがとう」でもいいし、「話を聞けてよかった」でもいいです。お礼を伝えられると、自分の話が受け入れられた、と感じることができます。これは相手に自分の存在が受け入れられた、という感覚につながります。お礼を伝えることが、次の会話へとつながっていくのです。

12 質問を創り出す能力

効果的な質問は、相手の視点を変えます。どんな名言も、質問を受けて自分で考え出した「答え」には及びません。たえず部下に指示し、命令していると、従順な部下は育ちますが、創造性に富んだ人材を失うことになります。多くのマネージャーは自分が正しい答えを持っていなければならないと思いがちですが、それよりも、効果的な質問を創り出し、部下に考えさせる方が部下は成長します。

しかし、効果的な質問をタイムリーに創り出すのは簡単なことではありません。本などで知った質問がよさそうだからといって、その質問をそのまま使えるわけではありません。質問は「今ここ」で創るものだからです。質問が機能するためには、それだけの条件を必要としています。それが質問を創り出す能力につながっているのです。

効果的な質問

↓

相手の興味を喚起する質問

効果的な質問の条件

- 質問が機能する「場」が創れていること
- 質問の目的が相手と共有されていること
- 信頼関係が成り立っていること
- Whyよりは、Whatを使う
- 何のために?
- 誰のために?

第一に、「場」が読めなければなりません。ゴルフの最中に仕事の話を持ち出されたり、まわりに知らない人が大勢いる中でプライバシーに関する質問をされたりするのは不快です。逆に、質問が機能する「場」を最初に創る必要があるといってもよいでしょう。「場」が整わないうちは、たいてい、質問をされても一般論で答えたり、いい加減な返事をしたりするものです。

第二に、質問の目的が何であるかが、質問をする側にも、それに答える側にも、わかる必要があります。新しいアイディアを考え出したいのか、意見や態度を引き出したいのか、同意を創り出したいのか。あるいは助けやアドバイス、情報提供が必要なのかなど、その質問の目的がシェアされているかどうかによって、質問の生命力は変わります。

第三に、お互いの関係性が大切です。信頼関係が築かれていないところで、立ち入った質問をしても拒絶されます。また、信頼関係があっても、質問の仕方によっては、関係が壊れることもあります。質問をされる側が、何かをはっきりさせてみたい、行動を起こすために見通しのいい状態を創りたい、と思わない限り、質問に答える理由はありません。

逆に今ここで交わされている会話が、確かに有益で、価値あるものであるという認識が双方にあれば、答えるのが難しい質問であっても、質問された側は、答える努力をします。質問される側に、答える価値があると思わせることは、信頼関係なしには困難です。

よいコーチは、興味を喚起する質問を創り出しています。質問されると、わくわくするのです。それは、質問する側の、相手に対する興味が大きく影響します。その興味が伝わって、やがて、質問される側も相手に対する興味が湧いてくるのです。そのサイクルが生き生きとした会話を創り出します。

13 チャンクを活用する

コーチングのほとんどは「質問」によって成り立っています。コーチング・カンバセーションはもちろんのこと、コーチングのツールとして使われるアセスメントも「質問」であり、コーチングの宿題にも、質問が多く含まれています。

実は質問には大きさがあります。一番大きなかたまりをビッグチャンクと呼び、それをややくだいたミドルチャンク、もっと具体的にしたスモールチャンクの3種類の大きさがあります。チャンクとは、「かたまり」という意味です。かたまりをほぐして、バラバラにして小さくしていくことを「チャンクダウン」といいます。逆に、散らばっているものをひとつのかたまりにと大きくすることを「チャンクアップ」と言います。

たとえば「仕事は好きですか?」という質問は、ビッグチャンクです。この質問だと、

13 チャンクを活用する

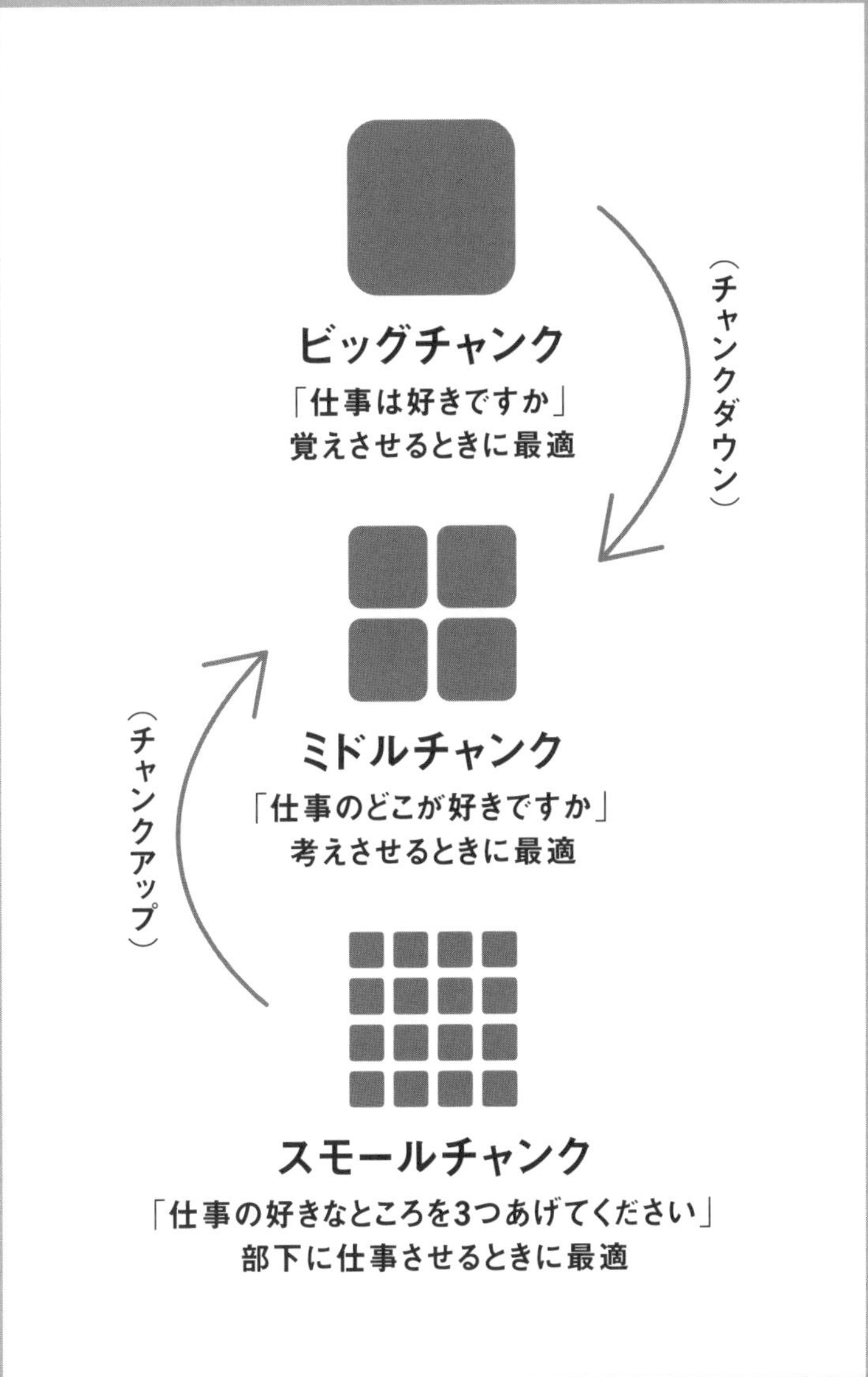
ビッグチャンク
「仕事は好きですか」
覚えさせるときに最適
（チャンクダウン）
ミドルチャンク
「仕事のどこが好きですか」
考えさせるときに最適
（チャンクアップ）
スモールチャンク
「仕事の好きなところを3つあげてください」
部下に仕事させるときに最適

ほとんどの場合、答えは「はい」か「いいえ」のいずれかで終わってしまいます。しかし、より具体的に「仕事のどこが好きですか？」という質問になれば、答える方も具体的になります。これがミドルチャンクの質問です。さらに具体的に、「仕事で一番やりがいのあることを3つ挙げてください」というスモールチャンクの質問では、答えはよりリアルになります。

つまり、チャンクアップやチャンクダウンをすることで、相手にとって答えやすい、より効果的な質問をすることができるのです。戦略的にチャンクの大きさを選ぶこともできます。最初から具体的な質問をしてしまうと、答えにくいと感じる相手もいます。そういう相手に対しては、ビッグチャンクの質問からチャンクダウンしていく方法が有効です。一方、結論を急ぐタイプには、最初から、「いつ、何を、誰と」といった具体的なスモールチャンクの質問が有効です。

チャンクの使い分け方としては、部下に仕事をさせるときにはスモールチャンク、考えさせるときにはミドルチャンク、覚えさせるときにはビッグチャンクというのが目安です。

応用編になりますが、質問に対する質問もできます。たとえば「あなたについて教えてください」といった大きな質問をされたときに、その質問に答える前に「とくにどんなことについてお知りになりたいのか教えてください」と、チャンクダウンした質問をすることで、答えを相手の求めているものにより近づけていくことができるようになります。また、たまに質問されて不快になることもありますが、「なぜ、そんなことを聞くのか？」と感情的になるのではなく、一度チャンクダウンした質問を投げ返し、相手の知りたいことが何であるかを聞いてみることは有効です。

CHAPTER
2
コーチングの実践

14 自分のための質問

コーチングにおいて、基本となるスキルは「聞く」ことではありますが、聞こうと思っても、相手が話をしなければ、ただ耳を傾けていても意味がありません。相手の話を聞くためには、相手が話し始めるような効果的な質問をすることが必要です。だからコーチにとって、質問のスキルは、欠かすことのできない重要なスキルなのです。これまでも質問については取り上げたことがありますが、今回は別の視点から、質問について考えてみたいと思います。

私たちは、質問というと、相手に対して投げかけるものだと考えています。しかし、実は私たちは、ものを考えるときや何かを判断するときに、自分の頭の中で自分に対する質問を繰り返しているものです。相手（たとえば部下）の能力を引き出すために質問するように、自分に対しても効果的な質問をすることができれば、自分の能力や可能性を引き出し

14 自分のための質問

「よい質問は、
相手の話を引き出す」

**ものを考えるとき、何かを判断するとき、
私たちは自分に問いかけている**

「今すぐ
できることは
何だろうか？」
「いつもうまく
いかないのは
なぜだろう？」

**自分への質問を有効に使えば、
自分の可能性や能力を
最大限に引き出せる**

ていくことができるようになるでしょう。自分に対して効果的な質問をすることは、セルフ・マネジメントには欠かすことができないのです。

自分がどのように物事を考えているか、その様子を振り返ってみると、頭の中で自分に質問をしていることに気づきます。つまり何かを考えるときというのは、私たちが自分自身と会話をしているときなのです。あなたはふだん頭の中で自分とどんな会話を交わしているでしょうか。

「いつもうまくいかないのはなぜだろう」
「どうしてまた失敗してしまったんだろう」
または、
「次はどうやればうまくいくだろうか」
「今すぐできることは何だろうか」

他者に対する質問と同様、自分への質問にも、効果的な質問とそうでない質問があります。自分自身を振り返って、自分を責めるような質問ばかりしているようだったら、考えを発展させるようなオープン・クエスチョンを試してみる価値があります。

また、自分自身に問いかけることは、考え続けることでもあります。「自分は何をしたいのか、現在していることはそこに向かっているのか」——こうしたことを問い続けることは、あなた自身の成長につながります。自分の可能性や能力を最大限に引き出すために、自分への質問の有効な使い方を身につけることは、価値のあることです。

15 質問をして、そして聞く

質問をする際には、まず効果的な質問をすることが大切です。ですが、効果的な質問をするだけでは不十分で、相手の答えるときの言葉をよく聞き、観察することも大切です。その上で、次の効果的な質問を創り出します。つまり、質問には連続性が求められます。連続した質問をすることによって、創造性、自発性、気づきを生み出すのです。コーチングでは、用意された質問を繰り返すだけでは何も起こりませんし、発展もしません。コーチングは、クライアントの行動やあり方にシフトを求めます。シフトを生み出すには、効果的な質問をし、観察しながらよく聞き、また質問をするというプロセスが大切なのです。

話を聞く際に重要なことは、5点です。

効果的な質問

↓

相手の答えるときの言葉を
よく聞き、観察する

↓

観察に基づき、連続した質問をする

↓

創造性・自発性・気づき

話を聞くときに大切なこと

- 相手が十分に話せるように待つ
- わかったふりをせず正直に
- 相手の求めていることを聞く
- 訂正や批判などのネガティブな反応をしない
- 相手の話に興味を持ち、相づちを打つ

①待つこと。そして、もっと待つ

聞くことは、次に自分が話すための順番を待っていることではありません。次に自分が何を言うかを考える時間でもありません。相手の話を聞くことはもちろん、相手が十分に考えて話せるようにすることが大切です。

②正直でいる

話している内容が理解できないときには、わかったふりをしていないで、そのことを伝えます。

③相手の求めていることを聞く

相手が何を求めているのか、今自分に何を要求しているかを聞き取ります。コミュニケーションのベースには、常に要求があるので、それを聞くことが大切です。

④ネガティブな反応をしない

「それは前に聞いた」「その数字は間違っている」「論旨が定まらない」等々は言いません。

たとえそうであっても、訂正を入れたり、批判することは、話し手が自分の創造性とアクセスするチャンスを奪ってしまいます。

⑤自分がそこにいることを伝える

私たちは、話している最中に聞き手の不在を感じることがあります。目の前にいることはいるのですが、自分に対する興味を失っていると気づくのです。相手に「聞かれていない」と感じると私たちは話す意欲を失います。「はい」「そうですね」「なるほど」「ほう」と相づちを打つことは「私は聞いていています」そして「話を続けてください」という気持ちを伝えます。相手の話に興味を持ち、相づちを打つことは大切です。

このように、質問だけではなく質問の後の姿勢がとても重要なのです。聞き手が興味を持って話を聞いていると、クライアントはもっと自分のことを話したくなります。

クライアントの話をよく聞くことは、効果的な質問にもつながります。質問をして、聞く、この連続性がクライアントの創造性を生み出すのです。

16 組織のゴール、個人のゴール

私たちの関心事とは、基本的にすべて自分に関わることです。それ故に、自分に関わりの薄いものに対する関心は、おのずと薄くなります。組織においても、そこで働く個人にとっての一番の関心事は自分自身に関わることです。つまり、企業の経営者が、会社の目標や目的をどんなに力説しても、社員の関心事は「それで、私はどうなるの？」ということなのです。それは決して、会社のことをないがしろにしているということではありません。会社のゴールに向けて仕事をしながらも、社員の一番の関心事は「私の行く末」なのです。

有能なマネージャーは、そのことをよく心得ています。ですから、目標を設定するときも、決して会社の意向を前面に押し出すのではなく、本人の意思を確かめます。たとえば売上目標を決める際にも、優れたマネージャーは、その目標を、本人が自分のものとして

社員の一番の関心は
「私の行く末」

「私の行く末」（個人のゴール）と
「会社の利益」（会社のゴール）が
重なる点を見つける

↓

個人のゴールを理解し、
その会社のゴールとの関係も理解し、
達成をサポート

捉えることができるまでフォローします。

「今月の売上目標は？」
「３００万円」

平均的なマネージャーは、ここで「よし、がんばれよ」で終わります。しかし、いいマネージャーは続けて質問します。

「それを達成すると、君自身にとってどんないいことがある？」
「その目標を達成した、その先には何がある？」

そうすることで、会社の売上目標が相手にとってどんな意味があるのかということをはっきりさせていきます。会社のゴールと個人のゴールが重なる点を見つけるのです。いいマネージャーは、最初に部下の「私はどうなるの？」に応えます。それをはっきりさせるために時間を遣います。

組織には組織のゴールがあります。そして、組織に働く人にはすべてそれぞれの個人的なゴールがあります。100人の社員がいれば、100のゴールが、1000人の社員がいれば、1000のゴールがあるのです。実は、組織のゴールというのは、社員一人ひとりのゴールが達成されることで初めて達成が可能になります。それは、個人にとって一番大事なことは自分自身に関することだということを理解すれば、あたりまえのことです。どんなに会社のことを思っている社員の場合でも、会社のことは優先順位の二番目なのですから。だからこそ、組織のマネージャーやトップは、社員一人ひとりのゴールを理解し、その達成をサポートすることを求められるのです。

私のコーチは、ある大きな会社の経営者とのコーチングセッションのとき、彼の秘書を務める女性に同席してもらった上で、彼に次のような質問をしました。

「彼女がどんなゴールを持っているか知っていますか？」

その経営者は、「知らない」と答えたそうです。そこでコーチは、彼に対してこう伝えました。

「彼女が自分のゴールを達成することを、あなたがサポートしなければ、彼女があなたの本当のゴールを理解し、その達成をサポートしてくれることはありません」

組織の目標であれば、それがどんな目標であっても、それを達成する必要を個人が感じ取らなければなりません。単にコミットメントを要求するだけでは十分ではないのです。その目標が、まさに自分の目標であるという実感が必要です。それが自分の目標になれば、社員はひとりで動き出します。それを達成することに、情熱を傾けるようになるでしょう。

マネージャーやトップに求められる能力とは、単にコミットメントを深めるだけではなく、個人の情熱を引き出す力なのかもしれません。

17 効果的なゴールセッティング

組織には、さまざまなゴールがあります。会社であれば、すべてのゴールは、利益を上げ、存続することにつながっています。

上司がそのことを最優先にするがために、一方的にノルマを課し、過度なプレッシャーをかければ、部下は受け身になり、結果的に部下のモチベーションを下げてしまうことにもなりかねません。つまり、上司が部下のゴール管理に失敗すれば、本来の目的である「利益を上げる」というゴールとは正反対の結果になってしまうのです。

上司はゴールを設定すると、部下のモチベーションを上げる手段として、達成したら「ボーナスが出る」「給料が上がる」といったお金の力を利用することがあります。また、うまくいかなくなると「がんばれ」と励ましたり、「やることはやっているのか？」と問い

部下のゴール設定は
上司の責任

ノルマやプレッシャーでは、
部下のやる気は引き出せない

↓

「～しなければならない」から、
「～したい」へ

↓

「自分で選んでいる」という意識が
自発的な行動の原動力となる

詰めたり、「一度決めたことなんだからやりとおせ」と叱咤激励するなど、なんとか外側からの力で動かそうとします。確かに、お金でも、励ましの言葉でも、人を動かすことはできるでしょう。しかし、ゴールを達成するためには、こうした外側からの力だけではなく、その人自身の内側からの原動力が必要です。ゴールに対して、それを自分のものとして捉え「〜したい」と思えば、ゴールに向かうエネルギーは高くなります。

ゴールを、自分が選んだものとは捉えられず「〜しなければならない」と思えば、エネルギーは下がります。「自分が選んでいる」という意識が、自発的な行動の原動力になるのです。たとえ会社から割り当てられたノルマであっても、それを達成する過程や、達成したときの体験、そしてそのゴールを達成することで自分自身が何を手にすることができるかをはっきりさせることができれば、それは自分が選んだゴールになります。部下が自分で動けるようなゴールを設定することは、上司の責任です。

有効なゴールセッティングには、次の3つが必要です。

①ゴールを外的基準で表す

「何を、どれだけ、いつまでに」といったように、外的基準で測ることのできるゴールを設定します。外的基準があれば、ゴールを達成したときに、はっきりとした達成感を持つことができるからです。

②達成したときの体験を明確に描く

達成したときのイメージが明確なほど、ゴールに向けてのコミットメントは高まります。

③ゴールを達成する過程で自分が学ぶことを認識する

実際にゴールを達成するために行動を起こしたときに、どんな障害があるかを明確にし、それを乗り越えることが自分にとってどんなプラスになるかを知っておくことです。

部下が行き詰まったときには、部下とともにゴールを振り返り、上の3つを確認するための時間をとることが必要です。声をかけるだけではなく、部下のために時間を遣う。それが上司の仕事です。

18 ゴールのその先を見せる

子どもに50円玉を渡して、テーブルの上に立ててごらんというと、なかなか立てられません。でも、50円玉と爪楊枝を一緒に渡して、50円玉を立て、その穴に爪楊枝を通してみるように言うと、爪楊枝を穴に通すところまではいかずとも、50円玉をテーブルの上に立てるところまでは、ほぼ全員達成します。

目隠しをして100メートルの全力疾走を試したことがあります。ゴールの付近には、手を叩いている人がいて、そこがゴールだと知らせてくれます。ところが、不思議なことに、どんなに速く走っている人でも、手の鳴るゴールの直前にくると、突然足踏みを始めてしまいます。目隠しをして走ること自体、もちろんこわいのですが、みんなが一様にゴール手前で足踏みを始めてしまう様子は、とても不思議な光景です。おそらく、ゴールまでは予測がついても、そこから先の地面の状態や障害物の有無に対して不安があって、前

ゴールは「行き止まり」?

ゴールのその先をイメージ

「それを達成したら、次には何をやってみたい?」
「5年後はどんな仕事をしていたい?」

↓

ゴールは通過点

に進めなくなってしまうのでしょう。

また、ゴールに対する条件反射もあるように思います。レースではゴールは走り抜けるもの、通過点にしか過ぎないのですが、私たちはゴールは「行き止まり」だと、無意識に思っているところがあります。それで、ゴールの手前で足踏みを始めてしまうわけです。

100メートル走のゴールも、仕事上のゴールも一緒です。仕事上で目標を立てていても、そのゴールの先をイメージすることができないと、やはりゴールの手前で足踏みをしてしまいます。もしその月のゴールを達成しないまま、次の月を迎えたらどうでしょう。そしてまたその次の月もゴールを達成しなかったとしたら……。毎月、ゴールの手前で足踏みをしたまま月を重ねることは、部下のやる気を奪い、本来持っている能力も発揮できない状態にしてしまう可能性があります。それを部下の能力のせいにすることは簡単です。しかし、部下に目標を達成してほしいと願うのであれば、上司もできるだけのことをする必要があります。それは、部下に目標のその次をイメージさせるということです。ゴールの先を見せる。その次の、次を見せるのです。その目標を達成した先にはどんなものが見えるのか。その月の目標が、ひとつの通過点であるというイメージを持たせることです。


「それを達成したら次には何をやってみたい？」

「5年後はどんな仕事をしていたいと思う？」

「30歳になったとき、どのくらいの年収を手にしていたい？」

「仕事からお金以外にどんなものを手に入れているんだろうか？」


その目標を達成した先にはどんなものが見えるのか。その月の目標が、ひとつの通過点であるというイメージを部下に持たせることです。そのために時間を割くことは、上司の責任でもあります。

19 上司に求められる能力

上司として部下に受け入れられるためには、いくつかの試金石があります。単に人がいいだけで部下がついてくるわけでもなければ、仕事ができるという理由だけでも部下はついてきません。また、理論を理解しているだけでは、部下育成はできません。部下は、上司が、日常遭遇する問題を、どのように解決しているか、その手際の良し悪しを見ているものです。

たとえば、部下をもつビジネスマンの多くが抱えている次のような問題について、あなたは解決策を持っているでしょうか。

①指示待ち・受け身の部下の自発性をどう高めるか
②報告・連絡・相談をしない部下のコミュニケーションをよくするには

部下は上司を見ている

●手際の良し悪し
●問題解決能力

上司が部下に受け入れられる方法

↓

一歩踏み込んだ部下との
コミュニケーションを創り出す

↓

上司の解決能力の向上

③納期を守らない、遅刻をする部下にどうやって責任感を持たせるか
④営業が苦手で萎縮している部下を行動させるには
⑤現場や他部門と話をしない部下のコミュニケーションを促進するには
⑥目標やビジョンを持てない部下への関わり方
⑦仕事に自信がない部下に自信を持たせる関わり方
⑧顧客志向のない部下の顧客意識を高めるには
⑨会議で発言しない部下が発言できるようになる関わり方
⑩自分の利益にしか関心がない部下に、会社に関心を持ってもらうには
⑪自分にしか興味がなく、後輩を育成しない部下の意識を変えるには
⑫自己主張が強く、人の話を聞かない部下の協調性を高めるには

以前、講演先で「部下が茶髪で会社に来たが、そういうときはどうしたらいいか」という質問を受けたことがあります。なぜ「茶髪で来るな」と言えないのかを尋ねると、「社則でとくに禁止していない。しかし、客先には行かせられない」と言います。重ねて「あなたはどうしたいのか」と聞くと、「もちろん茶髪はよくないと思うが、理解がないように思われたくもない」という答えが返ってきました。

また、同じく講演先で「部下が何の前ぶれもなく、突然辞表を持ってくる。そういうときはどうしたらいいか」という質問を受けたこともあります。部下が会社を辞める兆候には気づかなかったのでしょうか？　彼は、その部下と前日まで普通に話していて、突然の辞表にショックを受け、自信も失っていました。

一般論では解決できませんが、こうしたケースでは、表面的な会話は共有されていても、本音のところでのつながりに乏しいのかもしれません。いずれにしても、目先の方法論ではこれらの問題は解決できません。上司には、一歩踏み込んだコミュニケーションを創り出すことが求められているのです。

20 部下は話さない

「コーチングで一番大事なスキルは聞くスキルである」。それは事実です。そうは言っても、部下が話さなければ、いくら聞く準備をしていても、部下の話を聞くことはできません。「聞く」ことにばかり意識がいっていると、「なぜ部下は話してこないんだ」とイライラすることになるでしょう。組織内のコミュニケーションは、部下にコミュニケーションする気を起こさせるところからスタートするのです。

部下を持ったことのある人であれば誰でも思い当たると思いますが、部下とのコミュニケーションにおける一番の問題は、部下が黙ってしまうときに生じます。たとえば会議の席上や面談で、部下が黙ってしまうと、上司は自分の無力を感じざるを得ません。黙って聞いているからといって、彼らが上司の考えに同意しているわけでないことは十分察知できます。

コミュニケーションを
とりたくても、
部下が話してくれない

↓

**部下は、発言に伴うリスクが
大きいと感じている**

自分の意見に自信がない
意見を言える立場にない
上司は私に興味を持っていない

↓

**部下が話しやすい雰囲気を創る
話しやすい質問を投げる**

↓

組織の活性化、行動力の向上

この問題は、どんな組織でも抱えています。言われたことはやるが、それ以上のことはやらない。みんなそこそこにいい社員ではあるが、行動力がなく、生産性も低い。組織のバイタリティーも低下する。たとえ上司が「思ったことをはっきり言ってほしい」と言ったところで、部下が口を開くわけではありません。今、上司に求められるのは、部下を、自分からコミュニケーションしようとする気にさせるスキルです。それはすなわち、組織の活性化、組織の行動力に直結します。

では、どうしたら、部下は自分からコミュニケーションをしようという気になるのでしょうか? 彼らが自分から口を開き、提案や要望、質問を始める。そのためにはどんな環境を用意することができるのでしょうか?

それにはまず、彼らがなぜ自発的に発言しないのか、なぜ質問しても答えないのか、なぜ提案しないのか、ということについて知る必要があります。そのことについて、リサーチをしたことがあります。部下から返ってきた答えには次のようなものがありました。

20 部下は話さない

「自分の意見に自信がない」
「意見を言える立場ではない」
「あまり役に立ちそうな考えがない」
「言いたいことを他の人が先に言ってしまったから」
「私の話以前に、上司は私に興味を持っていない」

部下の言い分が全部正しいわけではありませんが、彼らが黙っているときには、それなりの理由があります。頭では話すべきだとわかっていても、いざその場になると、言葉が出ないのです。発言に伴うリスクが想像以上に大きい。上司は、そのことを理解した上で、部下が話しやすい雰囲気を創る、話しやすい質問を投げかける。ときには、時間をかけて待つことも求められているのです。

21 イエスを要求しない

上司のする質問の多くは、部下に「イエス」を言わせるためのものです。たとえば上司が「元気か？」と聞けば、当然部下は「はい」。「仕事は順調か？」。部下の返事は「はい」。また上司は、自分の求めている答えに部下を誘導しようと試みます。「このところ、あまり私の言っていることをちゃんと聞いていないように思うんだけど、どうだろう？」「いえ、そんなことありませんよ」。そうやって、自分の不安を解消します。

また、質問を使って相手を貶《おとし》めることもあります。「どうも私の求めている答えは、君からは得られないようだね」。つまり、最初から正解を持って質問をしているわけで、正確には、部下を試しているにすぎません。それから、質問をしながら、結局は、自分の意見をそこで展開します。「僕はこう思うんだよ、君はどう思う？」。それに部下が反対意見を言えるわけもありません。しかし、これらの過程を通して部下は学習します。「適当に

21 イエスを要求しない

上司の部下への質問
無意識に「イエス」を要求
質問の形をとった叱責

↓

「適当に答えておこう」
「当たり障りのないことを答えておこう」

↓

上司は部下に、
いいようにあしらわれるようになる

- 質問はテストや評価ではない
- 質問はお互いの理解を深めるもの
- 部下が質問に対して伸び伸びと、自由でいられることが大切

答えておこう」「当たり障りのないことを答えておこう」。結局、上司は部下に、いいようにあしらわれるようになります。

質問の質が低ければ、当然それなりの代償を支払うことになるのです。言うまでもなく、コミュニケーションにはいくつかの約束事があります。たとえば、質問をして相手がどんな答えを返してきたとしても、まずは「質問に答えてくれてありがとう」「このコミュニケーションに参加してくれてありがとう」。もし、部下が自分に質問をしてきたなら、「質問をしてくれてありがとう」なのです。もちろん、毎回言葉にする必要はありませんが、その気持ちを伝えるような表情は必要です。

また、質問はテストではありません。ましてや評価でもない。私たちは、質問を通してテーマをはっきりさせ、それを深めていきます。質問とは、お互いへの理解を深めるものなのです。質問に対して正解を求めてばかりいると、部下育成に失敗します。部下は質問に対して伸び伸びと、自由でいられることが大切です。正解だけを求められるようになると、部下は萎縮してしまいます。

21 イエスを要求しない

もし、CS（顧客満足）を上げるために、サービスの質を上げようと思うのであれば、サービスとは何かについてレクチャーするのは、ブービーです。そして、どんなサービスが求められているかを質問するのは、ブービーメーカー。「どんなサービスをしてみたい？自由にどんなことでもいいとしたら、どんなサービスをしてみたい？」その結果、出てくる答えがまるで使えないものだとしても、「どんなサービスをしてみたいか？」それについて部下が心に留めるようになるだけで、サービスの質は変わってくるのだと思います。

22 部下のデータベースを持つ

部下について、あなたは何を知っているでしょうか。年齢やどこの大学を卒業したか、どこに住んでいるか、家族構成など、知っていることはいくつもあるかもしれません。では、彼らがどんな価値観を持っているか、ものごとを判断するときに何を重視しているか、上司に自分について何を知っておいてほしいと思っているか、将来の個人的なビジョンなどについては、どうですか？

ここで言いたいのは、上記に述べたような情報を知っていることが重要だということではありません。私たちは、ともすると自分のフィルターを通して相手を観察し、「この人は、こういう人だ」と決めてしまうことがあります。それは部下とは限りません。家族やまわりの人に対しても同じです。しかし、コミュニケーションにおいて「知っている」と思い込んでしまうことは、何よりも危険なことです。そう思ってしまったら、それ以上、コミ

部下について、
何を知っているか？

「知っている」という
思い込みが、一番危険

部下のデータベース
〈スキル、タスク、ビジョン、個人情報（趣味、健康状態）〉

↓

面談や日常会話により、常に更新

↓

部下の新しい能力や可能性を発見

ュニケーションを交わす必要がなくなってしまうからです。組織において、部下の能力や可能性を引き出し、会社のソーシャル・キャピタル（人間関係資本）を増やしたいと考えるのであれば、なおさら「知っている」というところから離れて、相手と関わることが重要になってきます。部下についてのデータベースを自分の中に創っていくようなつもりで関わるのです。

とはいっても、無造作に情報を集めても意味がありません。彼らのスキル、持っているタスク、健康状態や趣味などの個人的な情報、ビジョンなど、だいたい4つのカテゴリーに分けて、情報を蓄積していきます。面談などで、こうしたことについて質問することももちろん大切ですが、普段何げなく交わす会話からも、また、部下の行動を観察することからも情報は増えていきます。

また、部下についてのデータベースは創ってしまったら終わりというものではありません。彼らは、毎日成長し、高いスキルを持ち、さらに多くのタスクをこなせるようになっていきます。健康状態も常に一定ではないのです。データベースの厚みを増やすことを意識し、そしてまたそれを更新していく。それだけで、自分の中に部下に対する関心が高まっていくのを感じるでしょう。関心を持って関わることで、部下の新しい能力や可能性を発見することが可能になります。

繰り返しになりますが、一番あぶないのは「知っている」と思い込んでしまうこと。「知っている」と思い込んでいないか、ときどき自分を振り返ってみてください。

23 ヒューマン・モーメント

コーチングは、双方向のコミュニケーションによって成り立っています。つまり、2人の人間の関わりがあることが前提です。よって、コーチとして部下と関わるときには、人が人との関わりに、何を求めているかを理解している必要があります。人は他人との関わりの中に求めているものがあります。それは、コーチングにおいても同じことです。

世の中のものの考え方には、大きく分けて、デジタルな考え方とアナログな考え方の2つがあります。デジタルな考え方というのは、正しいか、間違っているか、勝つか、負けるかというように、二極化した考え方。一方、アナログな考え方とは、2つに分けるのではなく、もう少しトータルに見ていく考え方です。

企業というのは、どちらかというとデジタルな考え方によって成り立ち、デジタルなも

23 ヒューマン・モーメント

デジタル
＝
正しいか、
間違っているか
（二極化）

アナログ
＝
トータルに
全体を見る
（総合化）

人はデジタルなところだけでは
動かない

↓

ヒューマン・モーメント（人間らしい関わり）
が人を動かす

デジタルな部分を機能させるには、
アナログな部分が必要

のを求める傾向にあります。そして、上司は当然、能力が高いか、低いか、また、目標を達成するか、しないかといったように、部下に対してデジタルな考え方で関わります。コーチングが、目標達成のためのフォローであると考えると、コーチングの考え方も当然デジタルです。そしてそのように関わっていると、いつのまにかすべてをデジタルな考え方で見るようになります。

しかし、人が他人との関わりの中に求めることは、必ずしもデジタルな考え方だけで理解できるものばかりではありません。たとえば、安全であること、つながり、安心感、信頼感などは、こうすると必ず手に入る、といった公式があるわけではありません。私たちは誰しも、人との関わりに「人間らしい関わり」を求めています。英語で言うと「ヒューマン・モーメント」、人間らしい瞬間です。実は、真のコーチに欠くことのできない能力というのは、どれくらいヒューマン・モーメントを創り出せるかどうかということなのです。

コーチングをしていると、ゴール達成や目標管理について話をするため、人が人との関わりに何を求めているかを忘れてしまいます。確かに、基本的に話したいのはデジタルなことなのです。しかし、実は、アナログな部分を忘れていると、肝心のデジタルな部分を機能させることができなくなってしまいます。「人間らしい関わり」が大事にされていないと、デジタルの部分を大胆に扱えないのです。人はデジタルなところだけでは動かないものです。どんな会話の背景にも、アナログな情報が流れていないと、デジタルの情報は動きません。だからといって、そこに親密感があれば、すべてがうまくいくということでもありません。どちらが重要、ということが言いたいのではありません。大切なのは、デジタルとアナログのバランスがとれていることです。それは組織においても同じことです。人が他人との関わりに何を求めているかを理解していることは、組織やチームの業績に実は大きく影響するものです。

24 成長する機会を与える

組織はいつだって、能力も高く、意欲も高い人材を求めています。そういう人材ばかりだったら、その組織は永遠に右肩上がりを続けるでしょう。しかし、残念ながら、なかなかそういうわけにはいかないのが現実です。意欲が高くても、能力が足りない社員もいるし、能力も意欲も低い社員もいます。また、充分に高い能力を持っているのに、なぜか意欲の低い人、という社員もいるかもしれません。このようにさまざまな状態にある社員をマネジメントし、彼らの能力や意欲を常に高い状態に保ち、高めていくことができるかどうかは、上司にかかっています。では、具体的にはどうすればいいのでしょうか。

意欲が高く、能力が高い社員でも、難易度の高い仕事に挑戦すれば、もちろん失敗することがあります。彼は自信を失い、自分の能力に疑いを持ち始めるかもしれません。そんなとき多くの上司は、「がんばれ、君ならできるはずだ」といったように、彼らの意欲に

24 成長する機会を与える

能力が高いのに意欲の低い社員
能力は低いが意欲が高い社員
能力も意欲も低い社員

↓

どうしたら、能力が高く、
意欲も高い社員に育つのか?

- 努力やがんばりを強制しない
- 常に学習する機会を与える

↓

スキルを磨き、結果を出す楽しさ、
面白さを実感させる

働きかけようとします。また「もうちょっと努力すれば、できるよ」といったように、何をすればいいのか明確にしないまま、ただ努力することを求めたりもします。しかし実は、彼らにとって必要なのは励ましではなく、能力を高めることなのです。やる気はもともとあるのだから、そこに働きかけても意味がありません。彼らは難易度の高い仕事をこなす能力を身につけ、成長したいと望んでいるだけなのです。上司がすべきことは、部下と一緒に彼らの能力やスキルを棚卸しし、その仕事をこなすのに何が足りなかったのかを明らかにすることです。そして、それを身につけることができる機会を彼らに与えるのです。そういった現実的な対応をせずに、意欲にばかり働きかけても、部下が成長することはありません。逆に、自分の能力に疑いを持ったまま、やがて意欲も低下するという状態を引き起こす可能性だってあるのです。

意欲も能力も高い社員を育てたいと思うなら、常に学習する機会を与えること。それが一番の方法です。学習する機会を与えずに、意欲に働きかけたり、努力ばかり求めたりしても意味がないのです。

24 成長する機会を与える

プロ野球のソフトバンク前監督である王さんには、努力の人といったイメージがありますが、NHKの番組を見ていましたら、どうもそうではなかったようです。ピッチャーからバッターに転向した選手時代の王さんは、バッティングフォームに独特の癖があり、いくら練習をしても結果につながらず、だんだんと練習嫌いになっていきました。その頃の王さんについたあだ名は、努力や根性といったイメージからは程遠い「なまけもの」だったそうです。その後、荒川コーチの指導のもとで、バッティングフォームの改良を重ね、だんだんと結果が出るようになっていきます。練習して、結果が出る。そのことが、王さんをさらなる練習に駆り立てていきました。そして常に練習を重ね、努力をする王さんを、人は「努力の人」として見るようになったのです。

王さんの話は、具体的なスキルを磨くことで、意欲が高まっていったというとてもわかりやすい例です。私たちは相手に対して、とくに意味もなく努力やがんばりを強いてしまいがちですが、努力は強要するものではありません。具体的な成長の機会を与える。そのことで、努力する楽しさや、面白さを実感できるところへ運ぶのが、上司の仕事なのです。

25 モチベーションを維持するコミュニケーション

コーチングとは成長の機会を与えることである、と前にも触れました。相手の目標達成に向けて必要な知識、スキルが何であるかを棚卸しし、それを、学び、実践を繰り返すことで身につけさせるプロセスです。もっと簡単に言えば、コーチングとは学習のプロセスであるといえます。学び、身につけ、実践する。このプロセスがコーチングになります。そのためには、学習を持続させ、社員自身がその効果を実感し、自分でどの程度身についているかを確認できる環境を創り出し、学習に対するモチベーションを維持させる必要があります。

近年、急速に広まったeラーニングですが、企業の27%がすでにeラーニングを活用しており、さらに46・3%の企業が、その価値を評価しています。効率性、有用性、柔軟性の点で、eラーニングは、集合研修、ビデオ、DVD等よりも評価されているのです。し

25 モチベーションを維持するコミュニケーション

学習機会（eラーニング・
集合研修・DVD）があっても、
効果が上がるとは限らない

大切なのは、
学習のモチベーション

↓

学習が自分にどのような成長を
もたらすかという理解が必要

↓

1対1のコミュニケーションが
重要な役割を果たす

かし実際には、学習する側の70％近くがｅラーニングよりも集合研修を評価しています。ある調査によれば、ｅラーニング単体の場合、最後までｅラーニングをやり終えるのは全体の70％以下であり、受講者の30％は、最後までｅラーニングを使わないと言われています。

英語学習のために、英語のカセットテープを買ったことのある人は少なくないと思います。それは決して、テープに問題があったわけではないと思います。どんなにすばらしい環境、ツールが揃っていても、学習の持続には、モチベーションの維持が不可欠な要素です。そして、モチベーションの維持には、1対1のコミュニケーションが重要な役割を果たすからです。実際に、ｅラーニングの受講者にコーチがつくと、最後まで学習する人の数は飛躍的に伸びることがわかっています。おそらく、ｅラーニングにコーチがつくと、受講者は単に学習対象を学習するだけではなく、それを将来のビジョンと照らし合わせ、今、学習していることが自分にどのような成長をもたらすかについて、検討する時間を持つことができるのでしょう。学習効率を上げるためには、単に学習方法を工夫したり、優れた教材を揃えたりするだけではなく、学習者の学習意欲を上げる働きかけが必要です。

能力の高い社員が難易度の高い仕事に挑戦して失敗したときには、意欲に働きかけるのではなく、学習の機会を与えるべきだということについても以前書きました。上司には、部下に学習の機会を与えると同時に、部下の学習に対する意欲を維持させるため環境を整えることも求められるということです。部下と継続的にコミュニケーションをとり、ビジョンをはっきりさせ、何のための学習なのかを明確にする。そうすることが、部下の能力をさらに高め、発展させることにつながるのです。

CHAPTER
3
コーチングの応用

26 会議でのコミュニケーション

組織において、会議やちょっとした打合せなどは、日常の一部です。今日では、電子メールがあたりまえのように使われ、情報伝達のスピードは以前より飛躍的に上がりました。しかしそれでも、直接顔を合わせて話し合う機会である会議がなくなることはありません。ちょっとでも込み入った話だったり、一人ひとりとの合意を確実にとりたい場合だったりするときは、会議という形式がもっとも効果的だと言われています。このように、会議は組織運営に欠かすことのできない時間であるだけに、その場に参加するときに気をつけなければならないことがあります。

会議で発言するときは、「私」から「あなた」へ向けてのコミュニケーションは適切ではありません。「私」と「あなた」という関係は、相対する関係を意味するので、組織においては、「個人」と「組織」という関係となり、その発言は第三者的なものになります。

26 会議でのコミュニケーション

会議の
コミュニケーションの基本

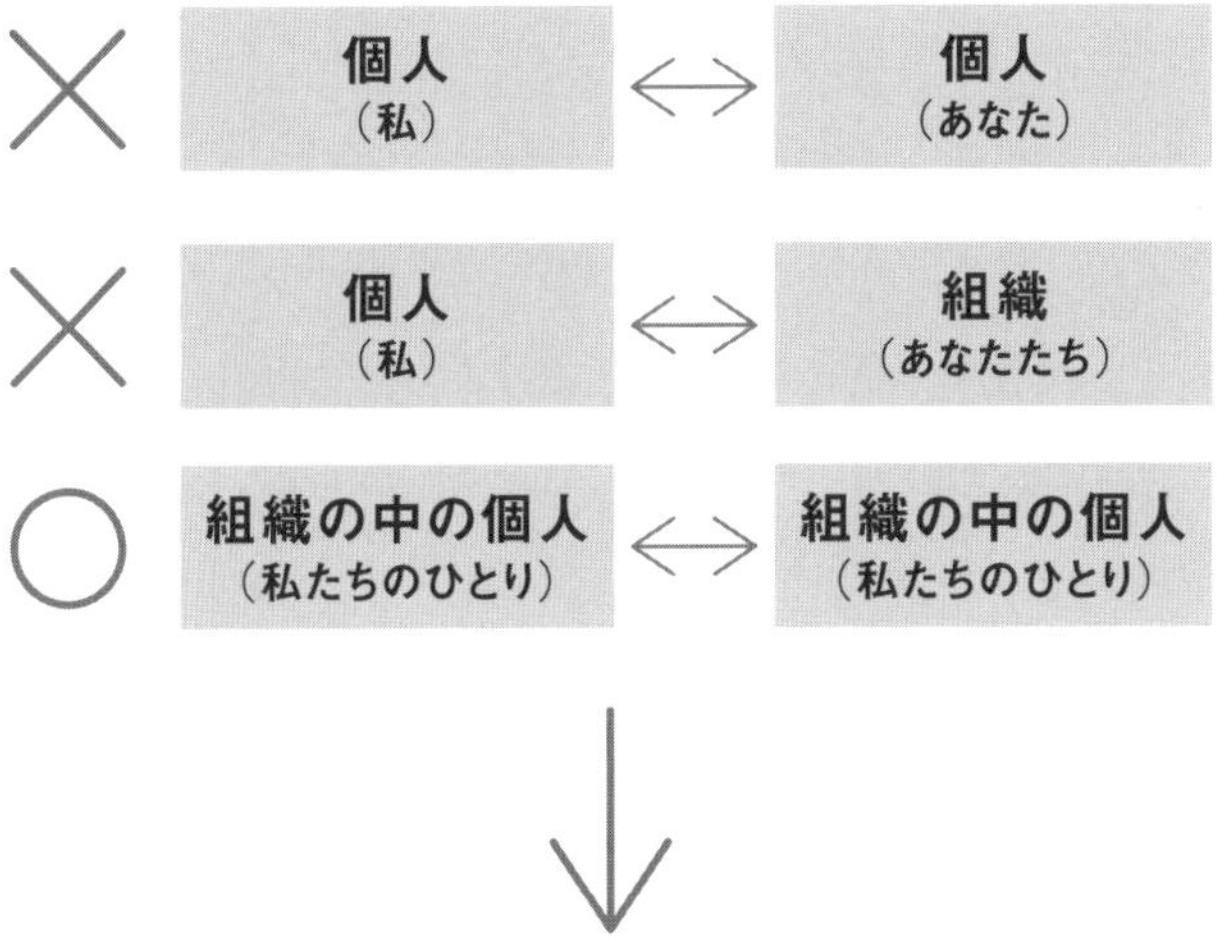

- **会議は、組織にとってどれが最善で、役に立つかを考える場**
- **「私たちのひとり」として、「私たちにとっての利益」を追求する**

組織における第三者的な発言は、不信を買います。組織は、利己的な発言や行動に敏感に反応するからです。とくに管理職は、組織における個人の言動、行動、態度などはすべて、組織全体の利益に向けられていなければならないと考えているものです。したがって、会議で発言するときは、「私」から「あなた」、もしくは「あなたたち」に向けるのではなく、「私たちのひとり」から「私たちのひとり」に向けているという意識が必要です。同じ輪の中にいること。それを前提として発言するのです。

コミュニケーションで注意しなければならないのは、コミュニケーションを交わして、自分が相手にどのような影響を与え、同時に、自分がどのような影響を受けているかを察知していることです。私たちが簡単に陥る罠《わな》に、「関係の二極化」というものがあります。コミュニケーションとは、基本的に同意に向けてキャッチボールが繰り返されるものですが、言葉上の同意がとれているにもかかわらず、感情面で不全感が残ることがあります。それは、コミュニケーションの最中、無意識に、どちらが上か下か、勝っているか負けているか、正しいか間違っているか、損か得か、知っているか知らないか、といった二極化に陥っていることを意味します。二極化に陥り、どちらかが、その決着をつけようとすることへのこだわりが抜けないままでいると、言葉上での同意はあっても、そこに不全感が残ります。

しかし、本来、組織における議論とは、組織にとってどれが最善で、役に立つ考えかを選ぶためのものです。そのときには、常に「私たちのひとり」として「私たちにとっての利益」を前提に、議論する必要があるのです。そしてその前提として、相手が上司、部下にかかわらず、相手の意見を尊重する姿勢を示すことが大切です。

27 自分への効果的な質問

コーチングでは、会話の相手に効果的な質問をしますが、人とのやり取りだけではなく、自分自身への質問も重要です。自分自身への効果的な質問は、その人の成長に欠かせないものです。

自分自身に無意識にしている質問を知ることは、人が自分自身について知る機会になります。仕事や人生でうまくいっている人たちは、自分に対して効果的な質問をして、自分の仕事への態度や人生そのものを常に検証しています。効果的な質問とは、パターン化されがちな考え方や行動に縛られず、視点を変え、新しい行動へ向かわせる質問のことです。

たとえば、問題の解決を迫られたり、障害にぶつかったりしたときに、みなさんは自分にどのような質問を投げかけていますか。「どうしたらいいんだろう?」「なぜ、こんなこ

27 自分への効果的な質問

自分自身への質問は、人を成長させる

袋小路の質問

「なぜ、こんなことをしてしまったのだろう?」
「私はこのままでいいのか?」

視点を変える質問

「この問題の解決策を
3つあげるとしたら、それは何か?」
「相談するとしたら、誰に相談するか?」

とをしてしまったんだろう?」といった、自分をますます袋小路に追い込むような質問をすることはないでしょうか。

効果的な質問とは、具体的に問題を解決する糸口を見つけるような質問のことです。たとえば、「この問題の解決策を3つあげるとしたら、それは何か?」「問題を解決するのにどの程度の時間をかけることができるか?」「相談するとしたら、誰に相談するか?」「この問題を解決できたら、自分にとってどんないいことがあるだろうか?」といった質問があげられます。

中には、「普段から自問自答をしているし、それによって行動を決めている」という人もいるかもしれません。ですが、自分自身にどのような質問や言葉を投げかけているかを冷静に捉え、その傾向を分析している人は少ないでしょう。もし、無意識のうちに「自分は本当は能力がないのではないか?」「どうして同じ失敗ばかりしているのだろう?」「なぜ、あれをしなかったんだろう?」「なぜ私は幸せではないんだろう?」「私はこのままでいいのか?」といった質問や言葉を自分に対して投げかけていたら、当然行動は萎縮するし、気持ちも明るくなりません。

自分にどのような質問を投げかけているか、また、どのような質問が自分にとって有効かを観察し、新たな質問を試すことは有効です。

新しい質問の例としては、「1年後に自分はどうなっていたいだろうか?」「自分はどんな人として記憶されたいだろうか?」「仕事への熱意はどこから持ってくることができるだろうか?」などの質問が挙げられます。これらは、自分についての新たな発見をもたらし、仕事や将来へのモチベーションが高まる質問です。

自分に投げかける質問や言葉が変われば、行動も変わります。そして自分にフィットする新たな質問を見つけることができれば、行動の選択肢が広がります。更にそれを毎日問いかける習慣をつけておくと、効果的に行動を変容させることができます。質問を準備して毎日自分自身に問いかける、それを習慣化するだけで、飛躍的に将来の可能性を広げることができるのです。

28 上司への効果的な質問

リーダーという役割を与えられると、「何でも知っている」「何でもやれる」べきだと思いがちだし、思われがちです。「リーダーとは、聞かれたことすべてに、速やかに、正しい答えを与えなければならない」。それがリーダーの条件だと思われているところがあるものです。

あるコンサルタント会社のパートナーは、「部下に技を見せたり、切れるところを見せないと、部下はついてこない」と言い切っていました。しかし、優れたリーダーは、知らないことは、知らないと認め、それを表現するものです。また、答えにくい質問をされたときには、虚勢をはらずに、真摯な対応をすることができます。「それは、答えにくいですね。難しい質問です。次までに考えさせてください」など。

28 上司への効果的な質問

思い込み

「リーダーは、聞かれたことすべてに、
速やかに、正しい答えを
与えなければならない」

実際

「優れたリーダーは、
知らないことは知らないと認め、
それを表現する」

発展

「効果的な質問は、
質問に答える側の可能性を広げる」

一般に、リーダーの条件とは、判断力、カリスマ性、強引さ、正直さなどが考えられます。しかし、リーダーに求められるのは、質問されたことに対する真摯な態度、そして、相手を啓蒙する「効果的な質問」を創り出す能力です。リーダーシップには、効果的に視点を動かし興味をかきたてるような質問を、その場その場で創り出す能力が必要とされています。

また、効果的な質問は、単に部下に対してだけではなく、上司に向けてもなされます。たとえば、上司が会社のビジョンをなかなか話してくれない、またはそれが不透明であるときには、それを嘆いたり、愚痴っても始まりません。それよりも「この1年で会社はどう変わると思いますか？」という質問をすることで、上司がビジョンを話す手助けになります。また、直接ビジョンについて質問していなくても、実はビジョンを聞くことができる質問の仕方もあります。「これから、われわれの業界はどうなって行くと思いますか？」という質問も機能します。「この3年で、会社はどの程度成長したでしょうか？」という質問もあります。

28 上司への効果的な質問

こうしてみると、質問は単にわからないことを聞くためのものではなく、お互いの「視点を変える」「ビジョンを明らかにする」「問題点を明らかにする」「リソースを見つける」など、さまざまな目的があることに気がつきます。また、創造的な質問をすることで、本人さえも気がついていない「アイディア」を引き出すことができます。「もし、何の制限もないとしたら、君は何をしようと思いますか?」「あなたが、経営者なら、一番最初にやることは何ですか?」。これらは、会社の批判をする上司に対して、有効な質問になります。効果的な質問は、質問に答える側の可能性を広げることに役立ちます。それは、相手が上司であっても例外ではありません。

29 パラダイムシフト

うまくいっている、いっていないにかかわらず、人間はひとつの考え方、ひとつのやり方に支配されています。これがパラダイムです。パラダイムは、人との関係の創り方、問題にぶつかったときの対応の方法に表れます。そしてそのほとんどは、実はワンパターンなものです。多くの人は自分がワンパターンな行動をとっているのを自覚していませんが、自分以外の人たちがワンパターンな行動、発言を繰り返していることには気がついています。「おやおや、まただ」「いつものお決まりだ」。

私たちは、人との関係において、知らない間にさまざまな「前提」や「枠」を創っています。たとえば、目の前の人が自分にどのような影響を与えるかは、本当は確かめないとわかりません。ですが私たちは、いろいろな「前提」や「枠」を自分で勝手に創ってしまいます。たとえば、その人との関係において一度でも不快な経験があれば、その人が自分

29 パラダイムシフト

パラダイム
（成功体験で、無意識にできた「前提」や「枠」）

↓

「前提」や「枠」が邪魔になり、
変化についていけなくなる

↓

質問を通して、
「前提」や「枠」に気づかせる

↓

パラダイムシフト
（「前提」や「枠」を取り除く）

に悪影響をもたらすと思い込んでしまうのです。

私たちが同じ考え方、行動にこだわるのには理由があります。それは、少なくともここまでは、その方法でうまくいってきたからです。また、これから先、新しい考え方や行動をとって失敗したくない、という思いもあります。とくに上の立場に立てば、なおさらリスクは負いたくないと思うものです。

しかし、状況は常に変化しているので、リーダーは常に未来を予測し、先手を打たなければなりません。先手を打たなければならないことについては十分理解しているのですが、それに行動が伴うわけではないことが問題です。頭でわかっていることと、実際の行動の間には深い溝があります。その溝を越えるのは容易なことではありません。

彼らに行動を起こし、変化を起こしてもらうためには、コミュニケーションが必要です。それは、百戦錬磨のエグゼクティブに外側からモチベーションを高めるということではありません。もっとも効果的なコミュニケーションとは、20%の意見と80%の質問です。大抵の人はその逆で、80%の意見を提供し、20%の質問をしています。そうではなく、80%の質問をし、エグゼクティブの目を未来に向け、可能性を開くのです。

たとえば、「どうやって考える時間を創っていますか?」と聞かれるより「どんなときに集中して考えることができますか?」と聞かれる方が答えやすいでしょう。「今、どんなビジョンを持っていますか?」よりは、「1年後に、この部はどんな変化を遂げると思いますか」の方が答えてみたい気にさせます。効果的な質問とは、それに答える過程で、パラダイムシフトを生じさせるのです。

人はひとりではパラダイムシフトを起こせません。ですが、効果的な質問を通して自分の創ってきた「前提」や「枠」に気づき、それを超えることができます。私たちがパラダイムシフトを起こすには、コミュニケーションが不可欠なのです。

30 オープン・シークレット

私たちのまわりには、「オープン・シークレット」があふれています。「オープン・シークレット」とは、誰もが知っていること、あたりまえのことのはずなのに、普段忘れられていることをいいます。

たとえば、自分に非があることに気がついたら、すぐに謝る。私たちの多くは、そう教わってきたし、それが当然のことだと思っています。また、そうすることがいかに効果的かも知っているはずです。しかし、実際にまわりをよく見てみると、意地を張って、謝るタイミングを逸してしまう人が多いことに驚きます。「あたりまえ」のはずなのに、実際にできている人が少ないのです。そうする人が潔く見えるのは、つまり、そうする人が少ないからです。本当はみんな知っているはずなのに、実際にはそうしない。「知っていても、やらない」のであれば、それは「知らない」ことと実際には何も変わりません。「あたりまえ」

30 オープン・シークレット

あたりまえのことなのに、
忘れられていること

「知っていてもやらない」は、
「知らない」と同じこと

↓

改善されず、放置される

コミュニケーションが活発で、
業績の上がっている職場には、
オープン・シークレットが少ない

のことと言いながら、実際にはまったく「あたりまえ」ではないのです。だからそれは「オープン・シークレット（公然の秘密）」です。

自分に非があるときに、すぐに謝った方がいいのであれば、そうした方がいいに決まっています。いつまでもそのことを「秘密」にしておく必要はないのです。「秘密」にしておいて、手に入るものは何もありません。知っているだけではなく、実際に自分がそのように行動する。それだけで、より早く信頼関係を築くことができたり、ものごとが進むスピードが速くなったりすることは、ほかにもたくさんあるはずです。

「あたりまえだ」と思っていることがあるのであれば、まず、自分がそうしているかどうかを振り返ってみることです。そして、自分のまわりでオープン・シークレットになっていることにアンテナを立ててみましょう。コミュニケーションが活発で、業績の上がっている職場には、オープン・シークレットが少ないはずです。

最後にもうひとつ、多くの人に忘れられ、オープン・シークレットとなっている事実について触れたいと思います。私は仕事柄、「どうしたら人間関係はうまくいきますか?」という質問を受けることがあります。その答えは「相手を大切にすること」。自分の関わっている人、家族や同僚、上司、部下、その一人ひとりを大切にすることです。その人は、その人の人生においては主役であることを忘れないこと。そして、その人にも両親、家族がいて、大切に育てられてきたということを忘れないこと。あなたがそうであるように、相手も相手の人生においては主役です。また、あなたに両親や家族がいるように、相手にも両親や家族がいるのです。それは紛れもない事実です。そうでなければ、あなたもその人も存在しないのですから。でも、実際にはそのことは忘れられていく。部下と関わるときに、この「秘密」に思いを馳せるだけで、相手に対する新しい視点を手に入れられるかもしれません。

31 コミュニケーションスキル

コミュニケーションスキルを上げることは、コーチングの重要な目的のうちのひとつです。コミュニケーションスキルとは、「聞く」「質問する」「リクエストする」などが代表的なものですが、これまで述べてきたこともほとんどすべてがコミュニケーションスキルに関するものと言えます。コミュニケーションスキルは、人との関係を円滑にしたり、仕事を効率化したりする、価値を生み出す非常に大切なものです。

では、具体的には何をもってコミュニケーションスキルが高いと考えるのでしょうか？そのことについてアンケート調査を行ったところ、次のような回答が寄せられました。

●「誰にでも」「いつでも」同じ態度で接することができる
●興味を持って対応できる

コミュニケーションスキル
（聞く・質問する・リクエストする）

- 知的で論理的な能力
- 相手を受け入れる豊かな感受性
- 「場」を読み、相手の気持ちを察する能力

↓

常にフィードバックを受け、
自分のコミュニケーション能力を
高めていく

●想定外の質問を受けた場合、もっとも明快で単純でわかりやすい回答をすぐに返すことができる
●自分の考えを正確に伝えることができる
●相手から必要な情報を引き出すことができる
●グループ内で情報を共有化し、課題を明確化することができる
●日頃から、上司、部下、同僚と十分なコミュニケーションを交わしている
●相手の立場に立った考え方をする
●その場の雰囲気を感じ取って、その場の雰囲気に合わせた話し方や話題を提供できる
●自分から進んで、どんな人にも挨拶をする
●感情的にならず、落ち着いて話ができる
●威圧感なく相手の気持ちを吸い上げられる
●相手の言うことに真摯に耳を傾ける
●いろいろな状況やことを「受け入れる」姿勢を持っている
●対人関係において、決して冷たさを感じさせない
●相手のことを理解してから、自分のことを理解してもらおうとする

●相手を尊重する態度を示すことができる
●初対面の人とも話題の接点を探りながら会話ができる
●自分の発言から逃げない

これらを見ると、コミュニケーションが単に知的で論理的なものというだけではなく、豊かな感受性を必要としているものだということがわかります。誰にでも真摯で、平等な態度で接する。感情のコントロールができている。相手の話に耳を傾ける。これらのことは知性だけでは実現できません。

また、2人の間でのコミュニケーションだけでなく、3人以上の「場」でも、その「場」を読む能力が求められています。「場」にふさわしい話題、「場」にふさわしい言葉の選び方には、相手の気持ちを察する能力も求められています。これもやはり感受性なしにはうまくいきません。

最後に、今の自分のコミュニケーション能力に対して「フィードバック」を受け、自分のコミュニケーションを改善していこうとする姿勢も大切です。フィードバックを受けることがコミュニケーション能力を高めるもっとも効果的な方法だからです。自分がどのようなコミュニケーションをしているのか、できるだけ多くの人からフィードバックをもらうことです。

32 コミュニケーションの価値

「コミュニケーションは大事だ」というのは、おそらく多くの人に共通した認識だと思います。しかし実際には、組織において人がコミュニケーションに対して抱いている認識とは、次のようなものではないでしょうか。

●組織において、テノクノロジー、生産性などのハード面から見ると、コミュニケーションはソフトな問題で、優先順位が低い
●コミュニケーションとは、個人の問題であり、組織の問題ではない
●コミュニケーションは空気のようなものである
●コミュニケーションについてはわかりきっている
●コミュニケーションと生産性はとくに関係はない
●コミュニケーションは組織のスピードを遅くする

32 コミュニケーションの価値

コミュニケーションは
「空気のようなもの」「あたりまえのもの」

↓

情報の流れは、㊤ → ㊦
組織は固定化

組織はコミュニケーションの
ネットワークの中で動いている

↓

情報の流れは、㊤ ⇔ ㊦
組織は活性化

コミュニケーションの質が向上すると

品質の向上・社内のモラルの向上・
モチベーションの向上・チームワークの向上・
顧客サービスの向上

●コミュニケーションは組織を混乱させる。ときに、浪費を生じさせる
●コミュニケーションよりは、規則、予測、費用対効果、効率、ハイパフォーマンス、モチベーション、確実な収益、投資の回収、プラン、役割、経験、スキル、リーダーシップなどが優先する

「大事だね」とは言いながらも、コミュニケーションは一般的に、会社組織の中にあって「価値を生み出すもの」としてではなく、「空気のように自然で、あたりまえのもの」と考えられているのではないでしょうか。

しかし、実際の組織は、くもの巣のように張り巡らされたコミュニケーションの中で動いています。私たちは、コミュニケーションを交わすことでものごとを認識し、行動を選択しています。コミュニケーションがなければ、もちろん組織は動きません。コミュニケーションは、組織が組織として存在し続けるために、欠かすことのできないものです。私たちは、そのことについて薄々気づきながらも、そこに投資するというところに意識はなかなか向きません。

社内のコミュニケーションに着目し、それを改善することで、飛躍的に業績を伸ばしたり、リスクを減らしている企業が生まれているのも確かです。たとえば、離職率の高い組織で、部課長全員が「聞く能力」を上げるためのコーチングを受け、離職率を5分の1に減らすことに成功したという例があります。また、2時間の会議で1時間55分話し続ける経営者が、コーチングを受けて発言時間を30分に制限し、他の取締役の発言を促すようになり、それが大きく業績に影響したという自動車のディーラーもあります。

組織内のコミュニケーションの質が低ければ、品質、社内のモラル、モチベーション、チームワーク、顧客に対するサービスに影響が出るでしょう。コミュニケーションは、個人と組織に確実に価値をもたらします。少なくとも、コミュニケーションは単なる情報交換などではありません。そのためにも、コミュニケーションについての理解を深める必要があります。コミュニケーションについての解釈を広げたり、見直したりする機会を失うと、知らない間に資源の無駄遣いが起こってしまうからです。

33 コーチングカルチャーを築く

組織の中で、ひとりの上司がコーチングスキルを身につけることは、確かに意味のあることです。しかし、それだけで、組織の活性化につなげることは難しいでしょう。組織を活性化したいと思うのであれば、組織の中のあらゆる関係においてコーチングを根付かせるための努力が必要です。

私たち一人ひとり、誰しも自分の内側に持ち合わせる、外からは見えない知識、スキル、経験があります。それは、表に出てこないかぎり、使えるものではありません。それを資源と考えるのであれば、組織において、社員一人ひとりからそれらを最大限に引き出すことのできる文化（カルチャー）があれば、より生産性の高い組織を築くことが可能になります。コーチングカルチャーとは、まさにそうした企業文化を指します。

コーチングによる
組織の活性化

組織の中にコーチングを根付かせる

- お互いが、お互いに教え合い、コーチし合う
- お互いの成長のために自分のリソースを提供する

↓

信頼、協調の醸造

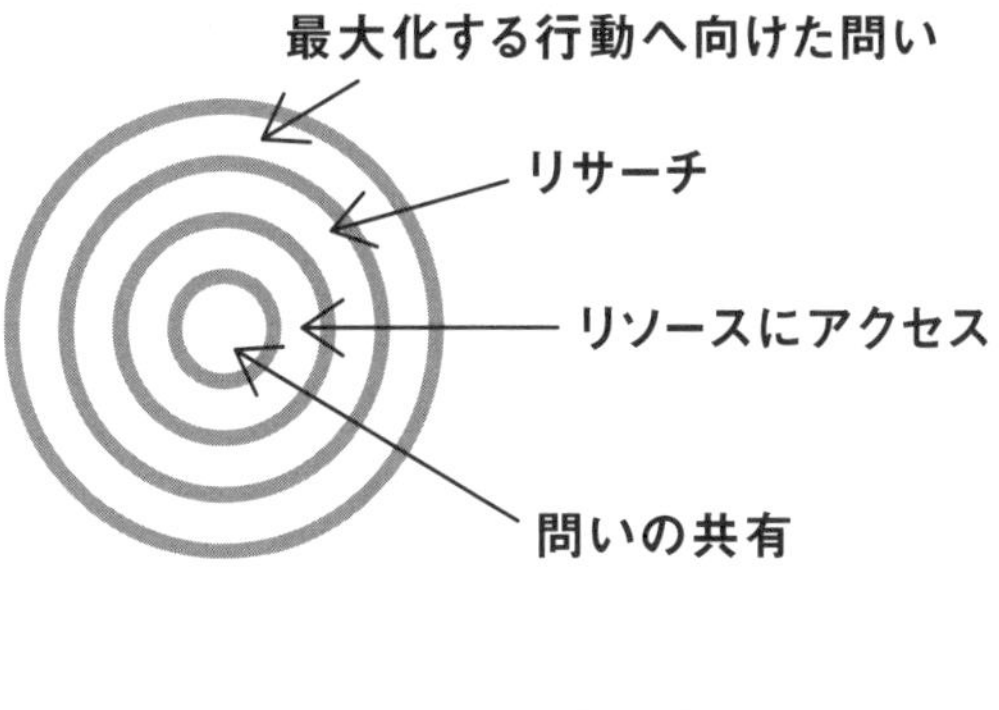

チームワークのいいチームにおいては、ごく普通に、お互いがコーチし合っています。営業における成功事例や、失敗の事例、それをお互いに教え合ったり、新しい商品のプレゼンテーションをお互いにコーチしたりする。ときに、パソコンやインターネットの使い方がわからないときには、仕事が終わってからパソコンを前に、コーチングが行われています。もし、これらの教育やコンサルティングを外部に依頼した場合どのくらいのコストが生じるかについて考えてみてください。コーチングカルチャーのある組織では、社員一人ひとりがお互いの成長のために、自分のリソースを惜しみなく提供しています。それも一方通行ではなく、双方向で行われています。

しかし、お互いがお互いに教え合うという関係は、その背景に安全が保障されていなければ実現しません。もし、競争の激しいチームであれば、何かを教えてもらおうとするということは、自分の方が知識がない、経験も薄い、能力も低いということを露呈することを意味します。パソコンの使えない上司が、それまで叱咤していた部下にパソコンの使い方を教えてもらうのはなかなか難しいものです。競争相手の前で、プレゼンテーションのロールプレイはできないでしょう。お互いが教え合う、コーチし合うその背景には、信頼、協調の醸成があります。その醸成はまた、お互いに教え合い、コーチし合うことによってもたらされるのです。

マネージャークラスの人たちにコーチングスキルを学んでもらうその背景には、単に新しい管理システムを覚えてもらうということではなく、マネージャーと部下、チーム間で、いかにいい関係を築くかという提案があります。

現在、少しずつ組織の中で、コーチングカルチャーが根付きつつあります。それは、特別なコーチがコーチングをするのではなく、お互いがお互いを信頼し、お互いにコーチできるようなカルチャーが起こり始めていることを意味します。そのさきがけとして、経営者やマネージャーがコーチングを受け、コーチングを身につけることは、きっと役立つでしょう。

34

組織が老化したときは

組織のリーダーは、組織全体のムードを創る責任を負っています。本人にその意識があろうとなかろうと、社員はリーダーの一挙手一投足に注意を向け、そのあり方に影響を受けています。組織全体が、リーダーの発する言葉や態度に影響されるのです。そして、リーダーが望むのは、組織全体の雰囲気がよくなることです。コーチングを依頼されるときのリクエストには、「会社のムードをよくしたい」「会社の雰囲気をよくしたい」というものが少なくありません。

ではいったい、彼らが望む「よいムード、雰囲気」とは、どのようなものなのでしょうか。そのことを彼らに問うと、「会社全体が一丸となっている。活気がある。行動的。高い志がある。体力がある。チャレンジ精神がある。頭が柔らかい。変化を受け入れる」といった答えが返ってきます。こうした答えを総じてみると、「会社のムードがいい」とは、

34 組織が老化したときは

会社のムードをよくしたい

↓

「若さ」のある会社にしたい

- 会社全体が一丸となっている
- 活気がある
- 行動的チャレンジ精神がある

↓

「若さ」がないのはリーダーの責任

まず、リーダーが
自分自身の行動を見直す

つまり会社に「若さ」があることだと気づきます。会社の「若さ」とは、単に創業からの年数ではありません。たとえ創業100年であっても、いまだ青年期という会社もあれば、創業10年にもかかわらず、すでに老年期を迎えている組織もあります。

最近、医療の世界ではアンチ・エイジング・メディスン（抗加齢医学）が注目されています。身体的年齢を検査し、実際の年齢と比較すると、身体が実年齢よりも若かったり、年をとっていたりすることがわかります。たとえ暦の上での年齢が同年齢であったとしても、身体の中身には年齢差があることがあるのです。アンチ・エイジング・メディスンとは、その身体的年齢を若返らせようとする医学です。これまで、加齢とともに老化が起こるのは仕方のないことと考えられてきましたが、必ずしもそうではありません。たとえ年齢を重ねたとしても、身体を若く健康に保つことは十分に可能なことなのです。

組織においても、それはまったく同じです。たとえ創業年数が長くても、行動力、体力があり、新陳代謝が活発で、発想の豊かな、頭の柔軟な状態を保つことは可能です。そして、その責任は、組織のリーダーにあるのです。

34 組織が老化したときは

組織に老化の傾向が見られるのであれば、まずリーダーが見直すべきは、自分自身の行動です。人には、変化を迫られていることは理解しても、自分が変化することを避けたがる傾向があります。しかし、最初に変化を求められるのが、リーダーだということを知っておく必要があります。

あなたの組織の年齢はいくつですか？

35 経営者にコーチ

日本では、コーチングというと「部下育成のスキル」というイメージが強くあるかもしれません。しかし、コーチングが必要なのは、部下だけではありません。もしかしたら、一番コーチを必要としているのは、経営者なのかもしれません。

スポーツの世界を考えてみればわかるように、選手はより高い成績を上げるためにコーチをつけます。ビジネスにおいても、それは同じです。コーチは、明確な目標を持つ人のために存在します。コーチングは、「目標が何かわからない」「何をすればいいかわからない」という人のためのものではありません。もちろん目標があれば、経営者でなくともコーチングは機能します。ただ、経営者には、会社を経営している限りにおいて、業績を上げ、会社を成長させるという明確な目標があるだけに、経営者は、コーチングの有用性をもっとも理解し、また実際にコーチングがもっとも機能する存在です。

35 経営者にコーチ

コーチングは
部下のためのもの?

経営者にコーチ

↓

コーチングのメリット

- ●複数の視点を持てる
- ●対等に意見を言い合える関係を持てる
- ●ビジョンを明確化し、アウトプットする相手を持てる
- ●利害関係のないブレーンストーミングが可能

↓

自分の頭を整理し、新たな視点を獲得

コーチは、経営者にとってはブレーンストーミングの相手です。経営者にとって、ブレーンストーミングの相手がいる、ということがいかに意味があるかは、簡単に想像がつくと思います。経営が独善的にならないためにも、複数の視点をもたらしてくれる「コーチ」は役に立つ存在です。また、対等の立場でオープンに意見を言い合い、自分の頭を整理するためにも、コーチの存在は意味があります。たとえば、会社を経営していく上において、本来、将来に向けての明確なビジョンは欠かすことができません。もちろんビジョンがなくても、会社は動いていきます。ただ、そのままでは、多くの場合、いつか道を見失い、経営が行き詰まるときがやってきます。実際に、成功している会社には、必ず明確なビジョンがあります。しかし、ぼんやりとしたビジョンを持っていても、それを言葉に表せるほど明確にしている経営者は、実は少ないものです。ひとつには、日々の仕事に追われ、なかなかビジョンを明確にするために時間をとることができないからでしょう。だからこそ、コーチとビジョンについて話す機会、アウトプットする機会を持つことはとても意味があります。

コーチが有効であることは、経営者としての私自身、身をもって体験しています。コーチングに出会い、まず自分で体験しようとコーチをつけたのが1996年でした。それから10年以上、私はコーチングを受け続けてきました。それは、コーチングが有効であることを実感しているからです。この間に実現したことの中には、もちろん、コーチがいなくても、実現しただろうと思うことはいくつもあります。ただ、コーチがいることで、実現までのスピードが速くなったことは確かです。

コーチは、何かを教えてくれる人でも、頼るべき相手でもありません。コーチをつけたら、それを使いこなすのは、あなた自身です。つまり、主体性がなければ、コーチを活かしきることはできません。だからこそ、コーチは経営者にとって意味のある存在になり得るのだと思います。

36
コーチのためのチェックリスト

コーチとは、具体的にどのようなスキルをもっている人のことを指すのか。ここにコーチングスキルの簡単なチェックリストを紹介します。コーチとしてはもっとも基本的な聞くスキルと、それから話すスキルのリストです。あまりクローズアップされませんが、コーチには優れた話すスキルも必要です。的確なフィードバックをしたり、直接的にリクエストを伝えたりするには、優れたスキルが必要です。コーチにとっては、言葉選びも重要なことです。それでは、自分のことを振り返りながら、リストをチェックしてみてください。

◆聞くスキルについて

□何も言わずに相手の話を聞くことができる
□言葉の裏にあるものに耳を傾けることができる
□相手と気持ちを共有することができる

仕事で失敗する理由は、
仕事に対する知識やスキルではなく、
人間関係が築けないことが
原因の90%以上である。

アルフレッド・アドラー

□真実を聞き分けることができる
□ボディーランゲージを理解できる
□沈黙の力を活用することができる
□問題の核心をつかむことができる

◆話すスキルについて
□直接的に話すことができる
□会話を楽しむことができる
□感情を表現できる
□ほしいものを要求できる
□自信を持って話すことができる
□人から引き出すことができる
□ノーと言うことができる

以上は、コーチとしての基本的スキルですが、コーチングスキルを職場で活かし、部下

36 コーチのためのチェックリスト

育成に役立てるためには、さらに踏み込んだスキルが求められます。以下は組織内の現役コーチのためのチェックリストです。

□部下に対してどのようなコミュニケーションをとっているか、客観的に観察することができる
□挨拶をするときは、相手の名前を呼んでいる
□部下のコミュニケーションのタイプを知っている
□部下のタイプに合わせたコミュニケーションをとっている
□コーチングとティーチングの違いを理解し、場面に応じて使い分けることができる
□部下の考えを引き出すために効果的な質問をすることができる
□部下の目標に対して、いろいろな切り口から質問を投げかけることで、目標に対する部下の意識を深めることができる
□「質問する人」「答える人」と二極化させるのではなく、「一緒に考える」というスタンスをとることで、部下からより多くのことを引き出すことができる
□提案やアドバイスをするときは1回にひとつにしている

□部下に必要なだけ失敗する権利を与えている
□部下が行動を起こす前に会話をよく持ち、部下が自分はサポートされていると思える状況を創り出している
□部下が抱える抵抗感に耳を傾けることができる

これらはコーチのためのチェックリストの一部ですが、リーダーとしての自分自身を振り返るときにも役立つと思います。

あとがき

コーチングは、国際社会において、リーダーシップ開発および変化のためのツールとしてあたりまえのものとなりつつあります。とくに、過去5年間でコーチングに対する認識は大きく変わったと思います。

10年前は、コーチングが何であるかを理解してもらうために、多くの時間と労力を費やしました。しかし、最近では、企業・組織は、人材開発、リーダー育成、変革のために、コーチングの導入を始めています。また、近年、グローバル化によるアジア、アメリカにおける企業の「現地化」を押し進めるために、駐在員に対してコーチをつけるケースも増えています。

とはいえ、コーチング人口とその地位が高まっているにもかかわらず、いまだにコーチングには、統一された定義や、その職業的な基準が認識されているわけではありません。現在は、コーチの倫理や、世界的に認知されたコーチの唯一の資格として国際コーチ連盟（ＩＣＦ）があり、日本においては、生涯学習開発財団における認定制度があります。これらの組織では、下記のような項目について、統一した規定を設けています。

●コーチングとは何か
●その目的は何か
●どうすればコーチングが適切に倫理的に実施されていることがわかるのか
●何をもってコーチングの効果を測るのか

ここに、各団体のウェブサイトをご案内いたします。これらを参考に、コーチングの理解を深められることをお勧めしたいと思います。

［国際コーチ連盟（International Coach Federation）］http://www.coachfederation.org/
［日本コーチ協会］http://www.coach.or.jp/

最後に、このたび本書の編集を担当してくださったアスペクトの西田さん、また、ご協力いただいたコーチ・トゥエンティワン、コーチ・エィのみなさんに心から感謝申し上げます。

伊藤守

伊藤 守　いとう まもる

1951年生まれ。株式会社コーチ・トゥエンティワンおよび株式会社コーチ・エィ代表取締役。株式会社ディスカヴァー・トゥエンティワン代表取締役会長。国際コーチ連盟マスター認定コーチ。1997年、株式会社コーチ・トゥエンティワンを設立。米国コーチ・ユニヴァーシティと提携し、コーチ・トレーニング・プログラムを開始する。企業向けコーチングにおいても多数の実績を持ち、2001年、株式会社コーチ・エィを設立。地方公共団体、教育機関、経営者団体などを対象とする講演多数。著書に、『3分間コーチ』、『自由な人生のつくり方』(ディスカヴァー・トゥエンティワン)、『会話から始めるコーチング』(大和書房)、『手ばなす技術』(講談社)など多数。

[初出]
本書は、『Keikyo レポート』に連載された「ビジネスコーチング」を大幅に加筆・修正し、再編集したものです。

コーチングの教科書《きょうかしょ》

2010年5月5日 第1版第1刷発行
2013年5月27日 第1版第4刷発行

著者 伊藤《いとう》 守《まもる》

装幀 福田和雄

本文デザイン 小口翔平(FUKUDA DESIGN)

カバーイラスト フジモトマサル

発行人 高比良公成

発行所 株式会社アスペクト

〒101-0054 東京都千代田区神田錦町3-18-3 錦三ビル3階

TEL 03-5281-2551 FAX 03-5281-2552

ホームページ http://www.aspect.co.jp

印刷所 株式会社リーブルテック

ISBN978-4-7572-1769-0